El Constructor de la Obra.

Argenis Pérez

EL CONSTRUCTOR DE LA OBRA.
Por Argenis Pérez
Diseño y diagramación por Whelmer Rojas
Diseño editorial Jamely Díaz
Primera Edición 2022
República Dominicana
Numero de ISBN 978-9945-09-433-6

Impreso y editado en República Dominicana.

DEDICATORIA

Doy gracias a Dios por la oportunidad de tomarme como un instrumento para plasmar este contenido, el cuál será de bendición, ayuda y consejo para los lideres emergentes y para todo aquel que tenga la oportunidad de leer este libro.

Le dedico este libro a mi familia, mi esposa Ingar Santana y mi hijo Jair Pérez Santana, quienes están ahí presente en el desarrollo ministerial y en cada locura que Dios me permite hacer.

Le dedico este libro a mi madre, testigo presencial del inicio y desarrollo de este ministerio, y cuya oración siempre ha estado presente; a mi padre para quien será un orgullo contar con una obra de su hijo en su biblioteca.

Le dedico este libro de manera general a mis familiares; hermanos, cuñados, primos, mi suegra y a todos aquellos que siempre están apoyándome y motivándome a seguir avanzando en lo que Dios ha dicho que hará.

Te dedico este libro a ti líder que estás buscando consejo de cómo entender a qué has sido llamado y cómo procurar que Dios esté en cada paso de tu camino; a ti que deseas hacer la voluntad de Dios y utilizar el liderazgo y capacidades que Dios ha provisto, para guiar a otros hacia el Señor.

Le dedico este libro a los ministerios juveniles que fueron plataforma de crecimiento ministerial y entrenamiento en el campo de batalla para lograr traerles a ustedes por este medio las enseñanzas que hoy tienen.

Y agradezco a Whelmer Rojas por toda la ayuda que nos brindó en este proyecto y el tiempo invertido en su diseño.

CONTENIDO

DEDICATORIA   5

CONTENIDO   7

PRÓLOGO   9

INTRODUCCIÓN   11

01 LIDERAZGO   13

   1.2 Algunas definiciones de liderazgo   16

   1.3 Características del líder   18

   1.4 ¿Cómo se forma el líder?   19

   1.5 ¿Cómo lo identificamos?   21

02 LIDERAZGO SEGÚN LA BIBLIA   23

   2.2 ¿Cómo percibo mi llamado?   30

   2.3 Ejemplos de llamados al ministerio   31

03 CARACTERÍSTICAS DE LA PERSONALIDAD   35

   3.2 Princ. caract. de los temperamentos   39

   3.3 ¿Como los entiendo?   41

04 EL TRATO CON LOS DEMAS   57

   4.2 Su entorno   60

   4.3 Su pasado   60

   4.4 Parábola los talentos, Mateo 25   61

05 AMENAZAS AL LIDERAZGO   65

5.2 Desanimo   67

5.3 Rechazo   69

5.4 ¿Qué hacer cuando tu liderazgo se ve rechazado?   70

5.5 Complacer   71

5.6 Cansancio   73

06 EL CORAZÓN DEL LÍDER   75

6.2 Humildad   77

6.3 Rendido a Dios   79

6.4 Entregado   80

6.5 Desarrollador   81

07 LA ACTITUD DEL LÍDER FRENTE A DIOS   83

7.2 Dependencia   85

7.3 Obediencia   86

08 EL LÍDER Y SU LLAMADO   89

09 EL COMPROMISO DEL LÍDER LLAMADO POR DIOS   95

CONCLUSIÓN   103

PRÓLOGO

Un libro dirigido por el Señor, donde el tema central "Liderazgo" se trabaja desde la óptica espiritual, pero también con un enfoque profesional que incluye lo psicológico. Por mi carrera en el área de negocios he tenido que leer muchos libros de liderazgo, tanto seculares, como de ministerio y pocos tienen ese equilibrio, esa facilidad de interpretación y aplicación.

Es una obra escrita que no solo contiene definiciones de interés, detalles sobre el tema y consejos, si no que podemos ver testimonios edificantes con los cuales nos podemos identificar y tomar como guías tanto en lo profesional, como en nuestro ministerio.

Argenis como escritor describió su experiencia y para mi esto es un plus. El hecho de que la persona que escribe pueda ser transparente y transmita una vivencia, nos da una visión más confiada a nosotros los lectores.

Nehemías es mi libro favorito de la Biblia y por esto lo he estudiado en diferentes ocasiones, pero esta vez, tuve la oportunidad de leer algo fresco y renovador sobre Nehemías, acompañado de otros personajes Bíblicos que se caracterizaron por su liderazgo.

¨El Contructor de la Obra¨ es un libro de fácil manejo, práctico, entendible, divertido, en un leguaje muy juvenil pero formal, simplemente sin desperdicios.

- Carmery Martinez

10

INTRODUCCIÓN

Antes que todo agradecerte por comprar o pedir prestado este libro, si lo tienes en mano es porque te interesa el liderazgo, has visto ciertas aptitudes en ti que hacen que piénses, que puedes ejercer algún puesto de dirección.

Este libro persigue presentar unos principios, que pueden apoyar a una persona iniciando en el liderazgo y en el ministerio, a entender que opina Dios y cómo ve el liderazgo, que significa el que me toque dirigir un equipo en cualquier área de la vida.

El libro cuenta algunas experiencias propias y de amigos que han presentado su conocimiento en el liderazgo, así como ejemplos de la palabra que muestran principios sólidos para que puedas apoyarte en tu gestión.

En el mismo te presento la realidad de que en el liderazgo te vas a encontrar con diversos temperamentos y personalidades que deberás saber manejar, así como amenazas que, si las ignoras, podrán afectar directamente tu función de líder.

Espero que este libro sea de bendición para ti, que sea como una guía en los días de confusión y frustración, en los que necesitaras un apoyo firme y buenas razones para seguir adelante.

LIDERAZGO

Liderazgo, una de las palabras más utilizada en los últimos años, producto de los cambios de paradigmas a nivel social, empresarial, político y de interrelación entre grupos, en el cual se busca y se persigue una figura emergente que sea capaz de influir, con poder de convocatoria, convencimiento y sutileza para persuadir y mover las fichas hacia el logro de un objetivo particular o común.

El liderazgo, sin duda alguna es una pieza de estudio, de cambio constante en sus conceptos y Su campo de acción, ha venido a ser una de las principales ocupaciones de la generación actual que busca un espacio dentro de cualquier esfera de influencia en la sociedad (empresa, iglesia, organización, entre otras).

Lejos de ser una fuente o medio de consecución de objetivos personales, su definición y su razón viene a ser de aquel que tiene la facilidad de motivar a otros a descubrir su potencial, desarrollarlo, maximizarlo y ponerlo en producción en pro del logro de objetivos.

El líder es aquella persona que naturalmente puede visualizar oportunidades de mejora en la relación de grupos y que es capaz de lograr la sinergia para establecer esas mejorías.

Como es natural, no todo el que se encuentra en posición de liderazgo se ocupa del desarrollo de las personas a las que ejerce influencia.

Algunos utilizan ese don para exaltar y hacer notar su figura, y poder de persuasión frente a otros, se ocupan solo de sus logros y con el paso del tiempo se van convirtiendo en jefes y en figuras de dirección obsoletas y estancadas.

El líder modelo por Naturaleza quien con el menor recurso posible logró influir en toda la humanidad, dividiendo la historia en un antes y después dice:-

El Constructor de la obra

¨No ha de ser así entre ustedes, sino que el que entre ustedes quiera llegar a ser grande, será su servidor, y el que entre ustedes quiera ser el primero, será su siervo; así como el Hijo del Hombre no vino para ser servido, sino para servir y para dar su vida en rescate por muchos¨. Mateo 20:27-28

1.2 ALGUNAS DEFINICIONES DE LIDERAZGO:

"El líder genuino se reconoce porque de alguna manera su gente demuestra consecuentemente tener un rendimiento superior".
- John C. Maxwell.

Es decir que, dentro de un grupo, las cualidades de un líder se evidencian por el rendimiento, no propio, sino de la sinergia que provoca para el logro de resultados; no se impone, es tan natural que sus cualidades se notan.

"La influencia interpersonal ejercida en una situación, dirigida a través del proceso de comunicación humana a la consecución de uno o diversos objetivos específicos". - Idalberto Chiavenato.

¿Te has preguntado por qué a ciertas personas se les facilita lograr que otros colaboren en sus proyectos?

El líder se conoce por la facilidad de comunicación y convencimiento que tiene, posee la facultad de colocar el mensaje en la mente de los otros, persuadiéndolos a seguirlos.

"El liderazgo no es más que la actividad o proceso de influenciar a la gente para que se empeñe voluntariamente en el logro de los objetivos del grupo, entendiendo por grupo un sector de la organización con intereses afines." -John Kotter.

"El liderazgo implica aprender a moldear el futuro. Existe el liderazgo cuando las personas dejan de ser víctimas de las circunstancias y participan activamente en la creación de nuevas circunstancias. El liderazgo implica crear un ámbito en el cual los seres humanos continuamente profundizan su comprensión de la realidad y se vuelven más capaces de participar en el acontecer mundial, por lo que en realidad el liderazgo tiene que ver es con la creación de nuevas realidades." - Peter Senge.

El líder produce cambios en los grupos, piensa en el futuro, se ocupa del crecimiento y del movimiento y progreso del grupo, incluyendo el relevo generacional que el progreso trae consigo. Si quieres ser líder, debes de tener la habilidad de pensar y proyectar el futuro de la organización, grupo y ministerio en el que estas al frente.

"Liderazgo es asumir la responsabilidad de una capacidad innata de dirección, poniéndola a servicio de otros, donde el fin perseguido determinará el provecho de este "don" y como impactara la vida de otros."
- Argenis Pérez

"El liderazgo no es un tema de status meramente pasivo o la mera posesión de una combinación de rasgos. Más bien parece ser una relación de los métodos de trabajo entre los miembros de un grupo, en el que el líder adquiere un status gracias a la participación activa y la demostración para llevar a cabo tareas cooperativas hasta completarlas." - Stodgdill.

"El liderazgo es parte de la administración, pero no todo de ella... El liderazgo es la capacidad de persuadir a otro para que busque entusiastamente objetivos definidos. Es el factor humano que mantiene unido a un grupo y lo motiva hacia sus objetivos." - Fiedler.

El Constructor de la obra

1.3 CARACTERÍSTICAS DEL LÍDER:

El líder tiene características que lo diferencian del resto del grupo, algunas que sobresalen y que resaltan su figura.

1. Seguro de lo que piensa y cree: La seguridad es vital para el liderazgo, como líder debes de tener la capacidad de presentar un proyecto y ser capaz de transmitir a quienes te rodean que estás seguro de cuales pasos y etapas son las necesarias para hacerlo. La seguridad es tan importante, que si en algún momento del camino te sientes un poco perdido y el plan no va como quieres, manteniéndote firme en tu convicción, el grupo permanece estable.

2- Persuasión: La persuasión es la habilidad que tiene una persona de convencer a otra de una idea o un producto; no es casual, ni es discriminativa de alguien en específico, es una técnica. El truco está en conocer a fondo lo que ofrecemos en ventajas y desventajas, pero sobre todo conocer a quien se lo vamos a ofrecer y presentar las razones por las que esa persona necesitaría hacer tal o cual cosa.

3- Persistente: No acepta un [NO] como razón para detenerse y desistir, no se desmotiva o renuncia cuando aparece un obstáculo y mantiene ante el grupo, una actitud de vencer. El líder busca y encuentra opciones y alternativas de cómo hacer las cosas donde otros no la ven.

4- Motivador: Procura levantar el ánimo de los demás, mostrando el ejemplo de su actitud, ocupándose del seguimiento a su equipo y de motivarlo a olvidar un error o un mal proceder e invitarlo a vislumbrar un escenario en frente, en el que se tienen mayores y nuevas oportunidades.

5- Visionario: No hay liderazgo sin visión; Un proyecto a largo, mediano o corto plazo es lo que determina la necesidad de una figura que marque la ruta y el camino de cómo llegar a ese sueño.

6- Conoce quien le rodea: Esta es una pieza fundamental del liderazgo, conocer quienes están a tu lado, sus fortalezas y debilidades, su real compromiso con la visión del líder y cuáles de ellos son fieles colaboradores en quienes se puede confiar.

Parte de este conocimiento consiste en saber quiénes son: su historia, de donde vienen, a donde piensan llegar, que los motiva a permanecer al lado del líder, cual es el deseo de su corazón y como puede esta persona influir en el logro del mismo.

1.4 ¿CÓMO SE FORMA EL LÍDER?

Una persona con el carisma del liderazgo, es descubierto por su interacción en su radio de acción, notando su habilidad para influir en otros, o porque alguien cercano notara el talento y lo impulsara a prepararse para tal fin; por estas razones, el líder debe formarse tanto en lo teórico como en lo práctico.

Teórico:

En qué área o disciplina de la vida se va a desarrollar: Una de las características obligatorias de un líder es conocer el área en la que va a dirigir, como funciona, y cuales problemas pueden presentarse; convirtiéndose en un referente de esa actividad de modo que pueda enseñar y guiar a otros.

Por ejemplo, una persona que aspire a ser director de una multinacional, debe haber estudiado sobre: negocios internacionales, mercadeo, ventas, recursos humanos, finanzas y sobre todo conocer cómo se mueve el mercado en el que opera.

De igual manera una persona que aspire al liderazgo en la obra del señor, debe conocer el manual que Dios dejo como guía para conocer su voluntad y como llegar al cielo.

El Constructor de la obra

Práctica:

Luego de concluir la preparación teórica sobre el área de influencia, hay que poner en práctica esos conocimientos. Hay que ir al campo y aprender cómo se manejan las cosas y, sobre todo, adquirir la experiencia que los libros no enseñan, ni regalan.

El líder se forma aprendiendo de otros.

El líder se forma aprendiendo de otros, identificando como se puede mejorar lo que se hace actualmente, ganando con el tiempo la confianza de los demás y mostrando como guiar a las personas a un mejor resultado.

Tras consultar la biblia, vamos a ver que, en el caso de Moisés, su formación tuvo una duración de 80 años en los cuales aprendió todo lo necesario para llevar a cabo la obra que Dios le había encomendado:

40 años en el palacio del Faraón: Conociendo su cultura, idiosincrasia, idioma y sobre todo como manejarse frente a él. Es por esto que cuando Moisés llega al palacio, conoce todo el protocolo, lo que lo calificaba para entablar una conversación con el monarca.

Presta atención al conocimiento que puedas absorber del área en la que te toque desenvolverte, ya que este, te va a servir en algún momento para cumplir el propósito de Dios en tu vida.

40 años en el desierto: Luego de conocer el palacio, Dios lo lleva al terreno donde estaría dirigiendo durante un largo periodo. Moisés conocía el clima, terreno, lo difícil y complicado que era la vida en el desierto; sin duda que esto lo seguía calificando para dirigir por su experiencia en el entorno.

Al momento que Dios llama a una persona al liderazgo, va a crear las situaciones y momentos para prepararlo, de modo que se cumpla el propósito para el que fue llamado y pueda utilizar esa experiencia como recurso para llevar a cabo su misión

1.5 ¿CÓMO LO IDENTIFICAMOS?

Los líderes se muestran solos, su cualidad innata va a resaltar en cualquier escenario en el momento preciso; son inquietos, son observadores, tienen la particularidad de descubrir aquello que no anda funcionando de forma óptima y brindarte una sugerencia que puede mejorar el desempeño.

De igual manera cuando conocen el potencial y el don que tienen para liderar, no presumen de su condición. El líder simplemente espera el momento de mostrar parte de su preparación y esperar que las personas se den cuenta de su potencial, experiencia y cualidades.

Un líder con llamado de parte de Dios, no pregona su cualidad, ni anda exigiendo ser reconocido como tal, espera el momento adecuado en el que Dios le permita emprender un nuevo camino y una nueva oportunidad de formar a otros, sin importar el lugar donde se encuentre o se requiera.

LIDERAZGO
SEGÚN LA BIBLIA

Al hablar de liderazgo en la biblia influyen algunas variables muy distintas a las que convergen en forma secular, tomando como punto de partida que la misión y la visión de este tiene otra connotación que trasciende los procesos organizacionales, políticos y de mando; Es un modelo distinto que procura la restauración, salvación y guía en orden espiritual de todo aquel que se acerque a nuestro circulo de influencia.

Es un modelo distinto que procura la restauración, salvación y guía en orden espiritual de todo aquel que se acerque a nuestro circulo de influencia.

El llamado al liderazgo por parte de Dios, de acuerdo a lo que enseña la biblia, viene como resultado de una misión asignada directamente por Dios, en la que este escoge un instrumento con el objetivo de: Llamarlo, procesarlo, formarlo, prepararlo y enviarlo hacia la consecución de ese plan maestro.

El liderazgo en el área secular se va construyendo iniciando con una disciplina de estudios en un área específica, seguido del impulso mercadológico propio o de grandes figuras de ese ambiente; el que enseña la biblia tiene un proceso bien especifico que aquel lector que anhele liderazgo dentro del pueblo de Dios debe tomar en cuenta y estar preparado para el reto.

Examinemos la vida de Moisés para que veamos el proceso de este gran líder y demostrar paso a paso la hipótesis presentada. En los primeros 6 capítulos del libro de Éxodo encontramos la base bíblica para esta explicación.

¨Y habló el rey de Egipto a las parteras de las hebreas, una de las cuales se llamaba Sifra, y otra Fúa, y les dijo: Cuando asistáis a las hebreas en sus partos, y veáis el sexo, si es hijo, matadlo; y si es hija, entonces viva. Pero las parteras temieron a Dios, y no hicieron como les mandó el rey de Egipto, sino que preservaron la vida a los niños.

El Constructor de la obra

"Un varón de la familia de Leví fue y tomó por mujer a una hija de Leví, la que concibió, y dio a luz un hijo; y viéndole que era hermoso, le tuvo escondido tres meses...Pero no pudiendo ocultarle más tiempo, tomó una arquilla de juncos y la calafateó con asfalto y brea, y colocó en ella al niño y lo puso en un carrizal a la orilla del río."
- Éxodo 2:1-3

Elección de Moisés: Nacido dentro de un momento de caos y de un decreto de muerte para todo el varón de 2 años hacia abajo. Esto llevó a sus padres, movidos por su **FE**, a preservar la vida del niño, sin tener el conocimiento que Dios mismo lo había elegido como el libertador del pueblo Hebreo.

El mismo Dios prepara un plan maestro para llevar a Moisés al palacio y formarlo en las costumbres y lujos del pueblo egipcio, con la diferencia de que su nodriza, era su propia madre, quien contratada por la hija de Faraón lo tiene en sus brazos en sus primeros años, instruyéndolo en el conocimiento del Dios verdadero.

1era Fase: Llamarlo:

"Ven, por tanto, ahora, y te enviaré a Faraón, para que saques de Egipto a mi pueblo, los hijos de Israel. Entonces Moisés respondió a Dios: ¿Quién soy yo para que vaya a Faraón, y saque de Egipto a los hijos de Israel? Y él respondió: Ve, porque yo estaré contigo; y esto te será por señal de que yo te he enviado: cuando hayas sacado de Egipto al pueblo, serviréis a Dios sobre este monte." - Éxodo 3:10-12

Pasan 80 años desde el nacimiento de Moisés, donde 40 de estos los ocupa en los palacios de Egipto hasta que, movido por el celo hacia su pueblo hebreo, mata a un egipcio, situación que provocó que huyera hacia el desierto. En su peregrinar en el desierto, se encuentra en un momento con el Dios que lo había elegido.

Es en el conocido momento de la zarza ardiente, donde Moisés recibe el llamado para una misión que presentaba un enorme reto para cualquiera a quien se le otorgara, esta implicaba:

• Convencer a Faraón de dejar libre al pueblo.

• Convencer a todo el pueblo de que Dios lo había enviado.

• Convencerse a sí mismo que Dios estaba en control por encima de cualquier adversidad.

• Dirigir el pueblo a una travesía por un camino inhóspito y desesperanzador hacia lo que Dios había prometido.

2da Fase Procesarlo:

Al analizar la vida de Moisés veremos que había sido preparado para conocer el protocolo de acercamiento al monarca del pueblo egipcio, sus costumbres y formas de acercamiento que lo acreditaba como el idóneo para esa negociación. Su vida en el desierto lo preparaba para conocer el ambiente, sus condiciones climáticas, falta de recursos naturales y lo difícil que resultaba el transitar en esa zona.

De esto podemos determinar que la ruta que Dios había elegido, necesitaba uno que supiera las carencias que podían experimentar en sus caminos y sobre todo apegarse a la palabra y mandato de Dios, poniendo en evidencia su fe al máximo nivel para no desmotivarse frente a las adversidades.

3era Fase: Prepararlo.

El proceso forma parte de la preparación; de la misma manera como un líder político se forma en diferentes disciplinas sociales, un líder eclesiástico requiere de una

Un líder llamado por Dios va a experimentar procesos que van a retar su fe y convicción de la elección de parte de Dios, con el objetivo de fortalecerlo y prepararlo para ser soporte a otros cuando estén a punto de soltar la toalla y volver atrás.

27

El Constructor de la obra

preparación espiritual e intelectual para desarrollar la misión que Dios le ha encomendado.

En el caso de Moisés el tiempo de instrucción de parte de su madre, ligado a la experiencia de vida en los palacios de Egipto, forman parte de su preparación. Sin embargo, el momento cumbre de la preparación es el momento en el que ese líder llamado se encuentra frente a frente, a quien lo ha llamado.

Una conversación en una zarza ardiendo fue la demostración de poder, que Dios ponía en las manos de Moisés. La revelación de Dios como el eterno, Yo Soy, sobre todo la sanidad del corazón de este con la muestra de la mano que salía leprosa al entrarla dentro de sus vestiduras. Este encuentro empoderaba a Moisés de lo que necesitaba para llegar a los ancianos de Israel y hallar gracia y que sus palabras fueran de convencimiento a ellos.

Cuando un líder va a iniciar su ministerio, su principal momento de preparación es aquel en el que aprende a entrar en intimidad con su Dios, en el que aprende el secreto de escuchar la voz de Dios; donde la unción y la gracia son impartidas en esté, para impactar la vida de otros por encima de los obstáculos que, aún los mismos de la casa, les puedan presentar.

4ta Fase: Enviarlo

Con esta preparación y esta garantía presentada en el monte, ya Moisés estaba listo para iniciar su llamado, que representaría grandes desafíos que solo un hombre transformado y que se haya encontrado con Dios podría asumir.

Hago este planteamiento partiendo de que, Aarón el instrumento puesto por Dios para ser portavoz de Moisés, no pudo soportar la presión del pueblo, no supo cómo defender el plan de Dios en el episodio del Monte Sinaí, sino que contrario a esto, los envió a la idolatría y a dar la espalda a su Dios.

Ministerios

La biblia en la carta a los Efesios define los ministerios que funcionan en la iglesia por medio de la obra del Espíritu Santo en cada contexto particular asociado a la obra de la iglesia.

Queda implícito un liderazgo asociado a cada llamado y ocupación ministerial, note que mencioné un liderazgo implícito, no quiere decir influencia, sino que, por su posición y la necesidad del trato con los feligreses, se asume cierta posición en ese sentido.

Los ministerios enseñados por Pablo son:

• **Apostólico:** Conocido en el nacimiento de la iglesia en el libro de los Hechos, como el que llevaba la palabra a las ciudades; se quedaban un tiempo organizando y discipulando, luego del crecimiento de la iglesia en esa ciudad, seguían la obra misionera de acuerdo a la dirección del Espíritu.

Hechos 1:4-6 mandato de Cristo a los 12 a que esperaran al Espíritu Santo para ir a predicar.

• **Profético:** Conocido como la voz de Dios en la tierra, era a quien Dios daba el mensaje de lo que iba a ocurrir en un futuro con alguna ciudad, persona, rey, etc. No se les veía mucho en medio de las multitudes, eran de un perfil reservado que solo se presentaban cuando tenían palabra de Jehová para el pueblo.

Eran los consejeros del pueblo y los que conectaban a Dios para conocer su parecer antes de tomar cualquier decisión.

Jeremías 1:7-10.

• **Evangelista:** Utilizado por Dios para avivar una ciudad o un grupo de hermanos, por medio de la predicación, imposición de manos y la obra del Espíritu a través de los dones; no se quedaba mucho en las ciudades, tenía un rol puntual de avivar el lugar

El Constructor de la obra

donde llegaba.

Hechos 7 defensa de Esteban.

• **Maestro y Pastor:** Ejecutores de una actividad que iba de cuidado y ayuda congregacional, eran los comisionados por los apóstoles para continuar el trabajo de crecimiento y desarrollo de las iglesias levantadas en los diferentes puntos de expansión del evangelio.

Llamados a ser los responsables directos de las ovejas puestas a su cargo y de su desarrollo en la iglesia, son aquellos que asumen la posición de ser guías espirituales de aquellos que llegan a sus manos, procurando instruirlos y dándoles el seguimiento oportuno en su camino hacia la patria celestial.

1era Timoteo 4:12

2.2 ¿Cómo percibo mi llamado?

Podríamos catalogar está como la pregunta del millón de dólares, ¿Cómo sé a qué fui llamado y cuál es el ministerio al que debó dedicar mi vida y mi preparación espiritual para ser de ayuda y bendición al pueblo de Dios?

El común denominador que hemos visto en nuestras iglesias con el pasar del tiempo, es el prototipo de una persona inquieta probando de todo, pertenece a todos los ministerios y va haciendo una especie de "Prueba y error" descartando aquellas actividades que no congenian con su perfil o con sus talentos.

Percibes el ministerio al que perteneces, cuando al realizar una actividad relacionada al mismo experimentas 2 fenómenos que puedo destacar:

- Tu pasión por dicha actividad crece en una forma inexplicable, tanto que ves motivado a utilizar toda tu energía a ese propósito.

A diferencia de lo que muchos dicen o practican, si es controlable, puesto que es algo que el mismo Espíritu Santo ha puesto, y este pertenece a un Dios de orden en todos los sentidos.

Tu pasión por dicha actividad crece en una forma inexplicable

- Experimentas la gracia de Dios al practicarlo, de manera natural, sin forzar; al junto que experimentas como el público al que te diriges recibe esa ministración.

Nótese, que estoy partiendo del punto de vista del líder identificado y descrito más arriba, que ha tenido un llamado de parte de Dios, que ha entendido el secreto de entrar en intimidad con el Señor y que se ocupa de estar en su presencia.

2.3 Ejemplos de llamados al ministerio

Argenis Pérez:

Desde muy niño estuve dentro del seno de la iglesia aun cuando mi familia no era cristiana. Asistía a la escuela dominical de manos de la familia Kingsley Cabrera, quienes me instruyeron en la palabra de Dios. Al llegar a la adolescencia mi madre y parte de mi familia viene al evangelio, sin embargo, Dios uso a los hermanos Edwin Pérez y Sheila Montilla para motivarme a seguir creciendo en la palabra y obra de Dios, involucrándome en todo cuanto podían.

En cada campamento al que asistía, siempre observaba como Dios utilizaba a los líderes en la ministración y en las predicas, me gustaba como se veía eso y lo que se sentía (ya que en ese momento no conocía la presencia de Dios). En esa etapa de mi vida era de los que iban a relajarse a los campamentos y a disfrutar de los juegos y actividades, por lo que el ministerio estaba

El Constructor de la obra

muy lejos de mi mente.

Hacia el año 1999 ya había iniciado a trabajar en el liderazgo local de la iglesia y le comenté a mi amigo, hoy Evangelista, Gregory Agramonte, que en algún momento estaríamos dirigiendo la Juventud del concilio I.P.J. debido a que ya había nacido algo dentro de mí que me movía a la obra de Dios.

Para mi cumpleaños número 18 en plena fiesta, recibo una palabra de mi prima la cual, orando por mí, me dice: - "Dios te ha elegido para el ministerio pastoral."

Iniciamos ese mismo año en la directiva nacional del concilio, todos inexpertos, y gracias a Dios fuimos creciendo en gracia, y sabiduría en el liderazgo, de igual manera en la predicación de la palabra de Dios. Pasaron 4 años en los que estuve sirviendo desde diferentes posiciones y recorriendo varios puntos del país.

Año 2008 llega el momento de casarme y por situaciones que solo Dios controla, nos vemos forzados a cambiarnos de congregación, allí inicia un proceso desde cero, de ser un líder de jóvenes conocido en mi concilio y con proyección pastoral a corto plazo, llego a una iglesia numerosa, donde nadie me conocía, fue literalmente, empezar desde abajo.

Iniciamos sirviendo, colocando las letras de las canciones en las pantallas y asistiendo a nuestros servicios regularmente; Pasado 6 meses, en un retiro de jóvenes, me encuentro orando y llorando pues sentía que mi ministerio se había estancado y perdido, ya que no estaba ejerciendo ninguna función de liderazgo, cuando alguien que no nos conocía, vuelve a confirmar la palabra de que Dios nos elegía para el ministerio pastoral.

Meses después soy designado líder juvenil en esa misma congregación, y para la Gloria de Dios, empezamos a formar y darle carácter a un ministerio de jóvenes que lo necesitaba, tuve la oportunidad de disfrutar 8 años en esa posición en la que vimos a Dios obrar en diferentes etapas y hacer cosas grandes.

Hoy en día nos mantenemos en esa congregación bajo la dirección y cobertura del pastor Ezequiel Molina Rosario en Mahanaim Santo Domingo Norte, donde he servido como Diácono y ahora ccomo uno de los ancianos de la iglesia con el cargo de ministro.

Muchos son los pensamientos de, ¿Hacia dónde nos dirigimos? o ¿Cuál es el siguiente paso? **La realidad es que cuando hay un llamado es imposible escapar, lo mejor que podemos hacer es ponernos en las manos de Dios y prepararnos para hacer su voluntad.**

CARACTERÍSTICAS DE LA
PERSONALIDAD

Un líder debe tener el conocimiento de los diferentes tipos de personalidad y sus características. Debe desarrollar la habilidad de identificarlo en aquellas personas, sobre las cuales tiene influencia con el objetivo de planear como tratar a cada quien en el contexto de su historia, temperamento y capacidad particular.

Al momento de liderar, pastorear o estar en contacto con personas en las que quieras influir, debes de tomar en cuenta, aprender, memorizar y poder identificar una serie de conceptos que te ayudaran a conseguir el mejor resultado.

Una de las confusiones principales con las que el líder se encuentra, es con la definición del carácter y del temperamento, en ocasiones pensando que se trata de lo mismo y dándole un tratamiento errático a las personas, exigiéndoles por encima de su capacidad y asumiendo expectativas divorciadas de la realidad de cada quien.

a) Carácter:

El carácter de un individuo es el conjunto de sus reacciones y sus comportamientos frente a situaciones externas. El carácter incluye muchos parámetros, como la fuerza o la debilidad, la generosidad o la avaricia. Un carácter fuerte será firme en situaciones complejas, mientras que un carácter débil tiende a evitarlas. El carácter puede ser emotivo, primario, con reacciones vivas, o secundario, con una aparente falta de reacción.

b) Temperamento:

El tipo de temperamento de cada persona acostumbra a ser entendido, como la estructura básica encima de la cual se construye la personalidad de cada quien, con todos sus detalles y particularidades.

Esto significa que el término temperamento se ha usado para hacer referencia a la genética de cada persona, ósea la parte heredable de la personalidad, lo que revela que el temperamento

El Constructor de la obra

de cada ser permanecería más o menos inalterable, independientemente de las vicisitudes que le sucedan, el modo en el que aprendamos a gestionar nuestras emociones, etc.

Una de las primeras personalidades históricas en desarrollar la teoría de los 4 humores, que más tarde daría paso a la de los temperamentos, fue la del médico griego Hipócrates.

Alrededor de los siglos V y IV a. C., en la antigua Grecia en la que habitó Hipócrates, tenía mucha importancia la creencia de que todo lo que existe en el mundo estaba compuesto por unos pocos elementos combinados entre sí. Hipócrates adoptó este punto de vista al defender la idea de que el cuerpo humano está formado por 4 sustancias básicas, también llamadas humores.

Para Hipócrates, estos humores son los siguientes:

• Sangre, cuyo elemento asociado es el aire.

• Flema, el elemento del cual es el agua.

• Bilis amarilla, que corresponde al elemento fuego.

• Bilis negra, asociada a la tierra.

Pero Hipócrates no dejaba de ser un médico, y por eso hizo que esta teoría humoral entrase más en el campo de la medicina que en el de la psicología y la personalidad. Según él, el hecho de que en nuestro cuerpo se encuentren todas estas sustancias en equilibrio, hace que estemos sanos, mientras que una descompensación en los niveles de los humores produciría enfermedades.

Fue Galeno de Pérgamo quien, en el siglo II a. C. realizó mayores esfuerzos para transformar la teoría de los humores en una teoría de los temperamentos básicos.

La teoría de los temperamentos básicos:

Galeno partió de la idea de que todo está constituido por la mezcla de 4 elementos, y que cada uno de ellos corresponde a uno de los humores del cuerpo humano para terminar aplicando esta visión a la primitiva psicología de aquella época.

Para este médico griego, los niveles en los que están presentes cada uno de los humores en un cuerpo humano explican los estilos de personalidad y temperamento de este, lo cual significa que observando las cantidades de estas sustancias se podría saber el estilo de comportamiento de una persona, cómo expresa sus emociones, etc.

La Psicología manifiesta la conducta del hombre encasillada en 4 temperamentos principales que definen o que caracterizan el comportamiento:

Sanguíneo - Flemático - Melancólico - Colérico

3.2 Principales características de los temperamentos:

	INESTABLE	
INTROVERTIDO	**MELANCÓLICO** Caprichoso - Ansioso Rígido - Soberbio Pesimista - Reservado Insociable - Callado	**COLÉRICO** Susceptible - Inquieto Agresivo - Excitante Voluble - Impulsivo Optimista - Activo
	FLEMÁTICO Pasivo - Cuidadoso Precavido - Pacífico Controlado - Confiable	**SANGUÍNEO** Sociable - Paseador Hablador - Responsable Bonachón - Vivo
	ESTABLE	**EXTROVERTIDO**

El Constructor de la obra

Puede que te estés preguntando, si no soy Psicólogo; ¿Por qué debo aprender a diferenciar estos temperamentos?

La respuesta es simple, si quieres ser un líder efectivo y construir paredes solidas en las vidas de quienes están a tú alrededor, es importante que sepas como proceder, al momento de ver la reacción de un grupo frente a una determinada situación:

• Como manejar al violento y agresivo

• Como enfocar al amable y juguetón

• Como motivar al pausado

• Como involucrar al apático

Mi intención como autor, es que puedas manejar estos conceptos y aplicarlos a tu entorno de una forma eficaz.

La única forma de entenderlos es compenetrándote con ellos, conocer parte de su historia, su forma de proceder, su proactividad y disposición hacia realizar las tareas asignadas, hacerlos parte de ti y como líder disponerte a ser parte de ellos.

En la biblia podemos identificar algunos líderes por tipo de temperamento, para que vayas formando una idea como se manifiestan:

SANGUÍNEO
APÓSTOL PEDRO. SAN JUAN 6:65-68

FLEMÁTICO
JOSÉ. GÉNESIS 44

COLÉRICO
CALEB. JOSUE 14:6-24

MELANCÓLICO
CAÍN. GÉNESIS 4: 5-9

Todos tenemos una forma de proceder única y dotada por parte de Dios e influenciada por el entorno de desarrollo, el éxito y la conexión con las personas como líder, inicia cuando identifiques cómo lidiar con cada grupo, entendiendo su proceder, como motivarlos y que esperar de ellos.

3.3 Como los entiendo:

Estilos de Personalidad DISC

William Marston, Phd. encontró que las características de comportamiento podrían agruparse en cuatro divisiones principales llamados estilos de personalidad. Las personas con estilos similares tienden a presentar características específicas de comportamiento comunes a ese estilo. Marston nombro cuatro dimensiones del comportamiento, y creó un medio para identificar la propensión relativa de los individuos a comportarse en consecuencia. La palabra DISC es un acrónimo de estos estilos y está representado por:

Características de los Estilos de Personalidad DISC

D = dominante, directo, decisivo, de alta fuerza del ego, solucionador de problemas, toma riesgos, autoarranque.

I = Influyente, entusiasta, confiado, optimista, persuasivo, hablador, impulsivo, emocional.

S = estable, buen oyente, jugador de la selección, posesivo, predecible, entendimiento.

C = analítico de conciencia, buscador de hechos, altos estándares, sistemático, preciso de conciencia.

En su mayor parte, no hay estilos puros, pero todas las personas comparten estos cuatro estilos en diferentes grados de intensidad representados por gráficos con una línea media.

El Constructor de la obra

Estos estilos compuestos son conocidos como mezclas de estilo, cada uno con sus propias características, preferencias, miedos, fortalezas y limitaciones.

A continuación, detallaremos cada una de estos cuatro estilos.

Estilo
D

Dominante, enfocado a los resultados, decisivo, directo.

Descripción General:

A las personas con fuertes estilos de **Personalidad D**, les gusta estar en posiciones de autoridad, o donde se puedan manejar, en sus propios términos. Tienden a ser tomadores de riesgos y son personas con iniciativa, muy orientados a los objetivos, e incluso suelen ser competitivos. Son excelentes solucionadores de problemas, pensadores de gran imagen y tienden a responder bien a la lógica, la razón y la información, pero no a la emoción. El estilo D tiene alta fuerza del ego, lo que podría ser percibido positivamente como la confianza o negativamente como el orgullo.

En un ambiente de equipo, el D tiene puntos fuertes y las limitaciones potenciales.

Fortalezas:

• Rápidos para tomar una decisión y de pie detrás de él con confianza.

• Líder natural.

• Organizador de la línea de fondo que da un gran valor en el tiempo.

• Muy orientado a objetivos. Puede ser más de un delegante que un hacedor.

• Desafía el estatus quo.

• Generalmente optimista.

• Son pensadores innovadores y no tienen miedo de tomar un riesgo o probar algo nuevo. Ellos pueden intentar muchas cosas a la vez o esperar demasiado de los demás.

• Trabajan bajo presión o en situaciones de crisis. Funcionan bien con cargas de trabajo pesadas o varios proyectos.

Limitaciones Potenciales:

• Puede ignorar otras opiniones.

• Quieren hacer las cosas rápidamente con tal de sacar adelante el proyecto, pero pueden tener conceptos irreales de cuánto tiempo se pueden tomar para lograrlo.

• Pueden llegar a ser fácilmente impacientes con los demás.

• No les gustan las rutinas, por lo tanto, acuden a la creación de nuevos proyectos e ideas para evitar hacer las mismas cosas repetidamente.

• Puede crear situaciones de presión cuando no es necesario.

Mayor temor:

El Estilo D tiene un miedo innato a que se aprovechen de él, especialmente alguien en quien confía. Como resultado de ello, tienden a luchar por las posiciones de autoridad, donde pueden estar a cargo de la toma de decisiones y el control de entornos.

Motivado por:

• Nuevos retos
• Objetivos de la reunión

El Constructor de la obra

- Competencia
- Poder y autoridad para asumir riesgos y tomar decisiones
- Libertad de tareas mundanas, la repetición y las rutinas
- Agradecimiento y reconocimiento por parte de otros
- Premios

Ambiente Ideal:

- Estructura que no sea de rutina. Capacidad de realizar nuevas tareas y actividades.
- Posición de la autoridad. Capacidad para tomar decisiones. Libertad de control.
- Moverse en nuevas direcciones. Enfoque innovador en el futuro.
- Los proyectos que producen resultados tangibles. Objetivos que cumplir.
- No tener que trabajar mucho con los detalles. Planificación cuadro grande.
- Evaluaciones personales basadas en los resultados, no en los métodos.
- Flexibilidad en el horario. Actividades variadas.
- La oportunidad para avanzar o alcanzar prestigio.
- La comunicación directa.

Como Comunicarse con un D:

- Sea breve y directo, vaya al grano.
- Pregunte ¿qué?, no ¿cómo?
- Sugerir maneras para él/ella de obtener resultados.
- Resolver problemas.
- Destacar los beneficios lógicos y enfoques.

Como NO Comunicarse con un D:

• Titubear o repetirse a sí mismo.

• No centrarse demasiado en los detalles y procesos, más que en las metas y resultados finales.

• No sea demasiado sociable o sobre emocional.

• No sugerir soluciones que no se centren en los problemas o solo expresar las razones por que no hacer algo.

• No hacer generalizaciones o afirmaciones, sin apoyo.

Áreas de Crecimiento Personal para D:

• Esfuérzate por ser un oyente "activo".

• Toma las ideas de otros en cuenta. Trata de lograr un consenso en los equipos.

• Trata de ser menos controlador, al trabajar con los otros.

• Trata de apreciar las opiniones, sentimientos y deseos de los demás.

• Presta atención a tus relaciones personales. Muestra apoyo a otros miembros del equipo.

• Tomate el tiempo para explicar los "porqués" de tus declaraciones y propuestas.

• Recuerda que debes tener una actitud amable y accesible. Presta atención a tu tono de voz y lenguaje corporal.

• Practica la paciencia.

El Constructor de la obra

Estilo

I

Influyente, Persuasivo, Impulsivo.

Descripción general:

Las personas con fuertes estilos de **personalidad I** son muy locuaces, entusiastas y optimistas. Ellos crecen en experiencias divertidas y al estar con otras personas. El estilo I no tiene problema de hablar con un desconocido y no tiene miedo de ser el centro de atención. Ellos tienden a ser a la vez, confiados y optimistas, algo emocionales y en ocasiones muy espontáneos o impulsivos.

En un ambiente de equipo, es el estilo que tiene puntos fuertes y las limitaciones potenciales.

Fortalezas:

• Muy creativos, pensadores y solucionadores de problemas. Grandes en las lluvias de ideas.

• Animadores de los demás. Capaces de motivar a otros a alcanzar y tomar medidas. Pueden ser grandiosos Gerentes. Muy persuasivos e influyentes.

• Poseedores de un sentido del humor positivo y de buena actitud. Traen vida y la diversión a una situación aburrida.

• Muy propios, para aceptar a los demás. Son quienes negocian en los conflictos y fungen como pacificadores. Puede estar más preocupado con la popularidad de resultados tangibles a veces.

• Espontáneos y agradables.

Limitación potencial:

• Carecen de atención a los detalles. Pueden ser malos con el tiempo, e incluso con la organización, necesidad valerse de una estrategia para su gestión.

• Tienden a escuchar sólo cuando les conveniente. Pueden ser percibidos como "en espera de su turno para hablar."

• Pueden abusar de los gestos y expresiones faciales.

• Poseen mayor tendencia a prometer, que a involucrarse.

Mayor temor:

El Estilo I tiene un miedo innato a ser rechazado por otros. Como resultado, se expresan como divertidos, extrovertidos y simpáticos.

Motivado por:

• La adulación y elogios.

• Popularidad y aceptación.

• Un ambiente agradable.

• Libertad de muchas normas y reglamentos.

• Otras personas que manejan los detalles.

• Creatividad.

Ambiente Ideal:

• La libertad de tiempo social y diversión.

• Procedimientos prácticos; pero no un montón de tareas de repetición.

• Pocos conflictos y discusiones.

• La libertad de los controles y los detalles.

• Foro para expresar ideas.

El Constructor de la obra

• Actividades de grupo en los entornos profesionales y sociales.

• Estima social y la aceptación.

• Gente con quien hablar.

• Oportunidad de motivar e influir en los demás.

• Estrategia clara para la organización y detalles.

• Ser reconocido por sus habilidades y talentos.

• Un ambiente positivo y optimista.

• Flexibilidad en el horario; actividades variadas.

Como comunicarse con un I:

• Construir un entorno favorable y amistoso. Deja tiempo para la estimulación y actividades sociables.

• Darles la oportunidad de verbalizar sus ideas, y la relación con otras, para ver su intención.

• Compartir testimonios de otras ideas propuestas que funcionaron, relacionadas con la que presenta. Mostrar entusiasmo.

• Ayudarles en el desarrollo de transferir las palabras en acciones.

• Crear incentivos para el seguimiento a las tareas.

• Enviarles detalles por escrito.

• Diles puntualmente que requieres de ellos.

• Desarrolla una relación participativa.

• Cuida tu tono de voz y lenguaje corporal.

• Haz caso de sus ideas y logros, el no hacerlo los hará derrumbarse haciéndote perder el enganche con ellos.

Como NO comunicarse con un I:

• No excluyas el tiempo social.

• No presentes un monologo, mantén la conversación fluida en ambas vías.

• No seas demasiado frío o reservado; recuerda que ellos le temen el rechazo.

Áreas de Crecimiento Personal para un I:

• Sopesa los pros y los contras, antes de tomar decisiones. Trata de no ser tan impulsivo y espontáneo, examina la información en primer lugar.

• Sé más orientado a los resultados. Aplica tu creatividad y talento para cumplir las metas establecidas.

• Ejerce el control sobre tus acciones, palabras y emociones.

• Céntrate en los detalles y hechos.

• Busca estrategias para la organización y gestión del tiempo.

• Recuerda que debes ralentizar el ritmo de los demás miembros del equipo.

• A veces tendrás que hablar menos y escuchar más. Al escuchar, asegurarte de que los demás sepan que usted está prestando atención y no sólo a la espera de tu turno para hablar.

• Considera y evalúa las ideas de otros miembros del equipo.

• No hagas promesas vacías, si te comprometes con algo, hazlo.

Estilo
S

Estable, sincero, simpático.

Descripción general:

Las personas con fuertes estilos de **Personalidad S** se describen como tranquilos y estables. Buscan la rutina, la previsibilidad, la seguridad en su vida y la rutina del día a día. Se esfuerzan por

El Constructor de la obra

las relaciones personales y cercanas, y por estar en ambientes positivos, sin conflictos. Son pacíficos, buenos oyentes, amigos verdaderamente leales y fieles seguidores. Aparte de ser positivos, amables, pacientes y comprensivos, también pueden ser posesivos de sus seres queridos y, a veces, incluso pasivo-agresivos en sus esfuerzos por evitar el conflicto o la negatividad.

En un ambiente de equipo, el estilo de S tiene puntos fuertes y las limitaciones potenciales.

Fortalezas:

• Fiables y confiables; miembros del equipo leales, sinceros y solidarios.

• En conformidad a la autoridad; siguen instrucciones muy bien; pacientes con los demás, no pueden hablar hasta que algo está mal; sensibles a las críticas.

• Son buenos oyentes; pacientes y empáticos. Hacen que los demás asuman un sentido de pertenencia.

• Buenos en la conciliación de los problemas.

• Se relacionan instintivamente de manera imparcial.

• Evitan el conflicto a toda costa y suprimen sus sentimientos como resultado.

• Pueden encontrar maneras fáciles de hacer las cosas - llenas de sentido común.

Limitación potencial:

• Se resisten a los cambios o tardan mucho tiempo para adaptarse. Pueden tener dificultades para establecer prioridades.

• Pueden internalizar preocupaciones o dudas al compartir información.

• No prestan atención a sus propias necesidades, en un intento de satisfacer las necesidades de los demás.

- Pueden guardar rencor.
- Pueden resultar en un comportamiento agresivo pasivo.
- Prefieren hacer las cosas fáciles en lugar de, hacerlas a la manera correcta.

Mayor temor:

El Estilo de personalidad S tiene un miedo innato de perder su seguridad. Como resultado, crean rutinas y se resisten al cambio.

Motivado por:

- El reconocimiento a la lealtad y fiabilidad.
- Protección y seguridad.
- No hay cambios bruscos de procedimiento o de estilo de vida.
- Actividades que se pueden iniciar y acabar.
- Tiempo de calidad con los demás; relaciones positivas y personales.
- Relaciones y entornos pacíficos y libres de conflicto.
- Sincero agradecimiento.

Ambiente Ideal:

- Procedimientos y sistemas prácticos.
- Patrones de trabajo repetidos.
- Instrucciones y expectativas claras.
- Estabilidad y previsibilidad.
- La falta de cambio; tiempo suficiente para el ajuste.
- Las tareas que se pueden completar antes de pasar a la siguiente.
- Pocos conflictos o discusiones; un ambiente positivo.
- Un ambiente de equipo.
- El reconocimiento por el trabajo bien hecho.

El Constructor de la obra

- Consenso para la toma de decisiones.
- Presión limitada.

Como comunicarse con un S:

- Crear un entorno favorable; personal y agradable.
- Sea paciente y amable.
- Presenta ideas o desviaciones de las prácticas actuales en una forma no amenazante; darles tiempo para adaptarse.
- Expresar un genuino interés en ellos como persona. Hacerles preguntas personales.
- Definir claramente los objetivos, los procedimientos y su papel en el plan general.

Como **NO** comunicarse con un S:

- No seas agresivo, o demasiado exigente.
- No los confronte continuamente.
- No hable continuamente sin ceder la palabra. Simplemente porque son grandes oyentes no quiere decir que no tienen nada que decir.
- No seas impaciente con sus preguntas, o utilices respuestas vagas o muy generalizadas.

Áreas de Crecimiento Personal para un S:

- Trata de ser más abierto al cambio. Incluso se espontáneo a veces.
- Se más directo en tus interacciones. Di lo que quieres decir, no siempre te reprimas.
- Presta atención a tus propias necesidades.

- Céntrate en los objetivos generales del equipo, en lugar de en los procedimientos específicos.
- Encaja con la confrontación constructiva, no internalizar.
- Trata de ser flexible.
- Aumenta tu ritmo para lograr las metas; muestra iniciativa.
- Trabaja en cómo expresar adecuadamente tus pensamientos, opiniones y sentimientos.

Estilo
C

Consciente, Creativo, Cumplido, Correcto, Preciso.

Descripción general:

Las personas con fuertes estilos de Personalidad C son perfeccionistas. Ellos ponen un gran valor de ser preciso y correcto. Se enorgullecen de su trabajo, piensan de una manera muy lógica, analítica y sistemática, y tienden a ser excelentes en la resolución de problemas y el pensamiento creativo. Tienen un nivel muy alto, tanto para sí mismos y como para los demás, lo que se traduce en ser un poco crítico. Son realistas y cuidadosos, tienden a ser tranquilos y a veces solitarios.

En un ambiente de equipo, el estilo de C tiene Fortalezas y Limitaciones potenciales.

Fortalezas:

- Perspectiva realista; son pensadores creativos y capaces de resolver problemas y señalar todas las razones del por qué algo no va a funcionar o no se debe cambiar.
- Consientes y ecuánimes, coherentes, prefieren no verbalizar sentimientos.

El Constructor de la obra

• Hacen preguntas importantes.

• Necesidades límites claros para las acciones/relaciones.

• Definen la situación; reúnen datos y hechos de información. Se aseguran de que los demás tengan la información precisa.

• Auto motivados; gestores de "Hágalo usted mismo".

• Diplomáticos, se esfuerzan por lograr el consenso.

Limitaciones Potenciales:

• Pueden ser percibidos como negativos.

• Dan, en lugar de argumentar.

• Se estancan en los detalles.

• Pueden estar sujetos a procedimientos y métodos.

• Puede ser que prefieran trabajar solos en lugar de con los demás.

Mayor temor:

El Estilo de Personalidad C tiene un miedo innato a ser criticado, sobre todo por su trabajo. Como resultado de ello, pasan un montón de tiempo y energía en ser precisos y correctos.

Motivado por:

• Altos estándares de calidad.

• Suficiente tiempo y organización para hacer las cosas correctamente.

• El reconocimiento por el trabajo bien hecho y cuánto tiempo ciertas cosas toman.

• Interacción social limitada.

• Tareas e instrucciones detalladas; parámetros y expectativas claras.

- Organización lógica de la información.
- Pacíficos entornos y relaciones, no de confrontación.

Ambiente Ideal:

- Un espacio tranquilo, el trabajo organizado.
- La autonomía y la independencia.
- Las tareas y proyectos que se pueden seguir hasta el final, y con una precisión.
- Tareas especializadas o técnicas.
- Prácticos procedimientos de trabajo, rutinas y sistemas.
- Pocos conflictos y discusiones.
- Instrucciones, expectativas y descripción del trabajo claros.
- No seguimiento intenso, están haciendo lo que se espera de ellos.
- El cambio planificado

Como comunicarse con un C:

- Prepara tu caso con antelación. Conoce los pros y los contras. Ideas de apoyo y declaraciones con datos precisos.
- Sé paciente, persistente y diplomático al tiempo que proporcionas explicaciones.
- Se especificó.
- Muéstrate en desacuerdo con los hechos, en lugar de con la persona.
- Asegúrales que el cambio ha sido pensado y tendrá un amplio tiempo para ajustarse a este.
- Escucha sus datos y los detalles; se sienten frustrados cuando no pueden presentar detalles.

El Constructor de la obra

Como NO comunicarse con C:

• No te niegues a explicar los detalles. No argumentes tu punto con generalizaciones o datos inexactos.

• No utilices un tono de voz fuerte o lenguaje corporal de confrontación.

• No los hagas sentir atacados; temen a la crítica.

• No llegues sin un plan o la razón de una decisión.

Áreas de Crecimiento Personal para un C:

• Trata de ser menos crítico de ti mismo y de los demás.

• Sé más decisivo. A veces, incluso si no tienes toda la información o no estás seguro de que es la decisión absolutamente correcta, sólo tienes que ir con tu instinto.

• Trata de establecer relaciones con otros miembros del equipo. A veces, es necesario centrarse menos en los hechos y más en la gente.

EL TRATO
CON LOS DEMÁS

En una ocasión, mientras intentaba escribir este capítulo, me senté a conversar con una de las jóvenes de la iglesia, y a quien Dios me ha dado la oportunidad de servir de consejero y apoyo, una hija en la fe pudiéramos llamarle. Esta me preguntaba sobre la influencia del liderazgo en las personas y porque se hacía necesario intentar conocer algunas facetas de quienes nos rodean, a sabiendas que existen algunos, tan cerrados que se resisten a compartir parte de su historia con otra persona, esta pregunta me llevo a pensar lo siguiente…

Al momento de tener la oportunidad de liderar equipos, ya sea en el ámbito espiritual o profesional, debes ocuparte de conocer por qué esas personas tienen diversas reacciones a tus solicitudes, que porcentaje de capacidad tienen para cumplir las tareas, cuáles son sus áreas de especialización o competencias, y, sobre todo, que esperar de cada uno de ellos; entonces estarás pensando que hay que cruzar la línea de la vida personal y convertirse uno en un Sigmund Freud.

La realidad es que solo hay que sentarse a conversar con ellos y demostrarle que estás dispuesto a escucharlos cuando te necesiten, sin afectar tu juicio a sus vidas personales a menos que te lo soliciten.

> *Quien lidera, debe saber hasta qué punto puede contar con ese recurso y que esperar de el.*

Les cuento que la persona de quien les hable en el inicio salió con una visión ampliada sobre cómo enfocar sus esfuerzos en la carrera profesional, ya que una de sus metas era liderar una empresa propia; y para liderar con efectividad tienes que tomar en cuenta de cada persona lo siguiente:

4.1 Sus necesidades

La carencia en cualquier ámbito de la vida limita el enfoque hacia un solo punto, sobre todo si el líder ha marcado una ruta que,

El Constructor de la obra

dentro de la mente de la persona, no pasa por la solución que requiere. Tomando en cuenta esto, quien lidera debe saber hasta qué punto puede contar y que esperar de ese recurso.

4.2 Su entorno

Al momento de influir en un grupo y embarcarte en un viaje de liderazgo, es vital que observes el comportamiento de cada uno, cuando hagas no juzgues, no intentes cambiar a la ligera su comportamiento, en vez de eso te recomiendo que investigues: ¿Qué hay en su entorno? Si te preguntas a que me refiero con eso, te respondo:

- ► ¿Dónde creció?
- ► ¿Cuáles son sus costumbres?
- ► ¿Cuáles son sus creencias cristianas?
- ► Su familia, ¿Quién la compone?

Cuando te ocupas de saber esto, tienes éxito en el liderazgo no solo porque la persona entiende que es importante en el equipo, sino que ve que tu no intentas juzgarlo por su comportamiento, ni recriminarlo a la ligera, sino que te tomas el tiempo de entender quién es y de donde viene; así cuando aconsejas tienes base para ser escuchado y aceptado.

> *Tomate el tiempo de entender quién es y de donde viene; así cuando aconsejas tienes base para ser escuchado y aceptado.*

4.3 Su pasado

Cuando conoces su entorno, estás listo para pasar al próximo nivel, es el de su pasado, dentro de cada equipo tendrás 2 tipos de persona:

a) Pasado feliz: Quienes son un libro abierto por qué no han tenido que arrepentirse en materia de errores, no han sido víctima de ultraje, y aunque su vida no es perfecta, no se quejan de su pasado.

b) Pasado tortuoso: Aquellos que quisieran no haber nacido, nunca hablan de su niñez por el dolor que le causa. Son personas marcadas por violaciones, maltratos físicos y/o verbales, rechazos y abandonos.

La pregunta es, ¿Qué hago con cada grupo? ¿Cómo puedo lidiar con esta mezcla?

Si eres un líder nato y tienes el llamado de Dios a dirigir, tendrás la sabiduría para avanzar y poder ganarlos. Ese es uno de los principales retos del liderazgo prestar el oído a escuchar el desahogo de aquel que ha sido maltratado, que al ver la gracia que Dios ha puesto en ti, confía en que, al escucharlo, puedas ayudarle a liberarse de sus culpas y tratar de iniciar una vida sin la sombra de un pasado oscuro y tortuoso.

> **Si eres un líder nato y tienes el llamado de Dios a dirigir, tendrás la sabiduría para avanzar y poder ganarlos.**

Consejo bíblico

En la palabra del Señor vemos que hay 2 enseñanzas en las que se pone de manifiesto lo que hablamos en el capítulo 3 y capitulo 4 de este libro y como puede ser de bendición a tu vida.

4.4 Parábola los talentos, Mateo 25.

[14] *Porque el reino de los cielos es como un hombre que, yéndose lejos, llamó a sus siervos y les entregó sus bienes.* [15] *A uno dio cinco talentos, y a otro dos, y a otro uno, a cada uno conforme a su capacidad; y luego se fue lejos.* [16] *Y el que había recibido cinco talentos fue y negoció con ellos, y ganó otros cinco talentos.* [17] *Asimismo el que había*

El Constructor de la obra

recibido dos, ganó también otros dos.[18] Pero el que había recibido uno fue y cavó en la tierra, y escondió el dinero de su señor.[19] Después de mucho tiempo vino el señor de aquellos siervos, y arregló cuentas con ellos.[20] Y llegando el que había recibido cinco talentos, trajo otros cinco talentos, diciendo: Señor, cinco talentos me entregaste; aquí tienes, he ganado otros cinco talentos sobre ellos.[21] Y su señor le dijo: Bien, buen siervo y fiel; sobre poco has sido fiel, sobre mucho te pondré; entra en el gozo de tu señor.[22] Llegando también el que había recibido dos talentos, dijo: Señor, dos talentos me entregaste; aquí tienes, he ganado otros dos talentos sobre ellos.[23] Su señor le dijo: Bien, buen siervo y fiel; sobre poco has sido fiel, sobre mucho te pondré; entra en el gozo de tu señor.[24] Pero llegando también el que había recibido un talento, dijo: Señor, te conocía que eres hombre duro, que siegas donde no sembraste y recoges donde no esparciste;[25] por lo cual tuve miedo, y fui y escondí tu talento en la tierra; aquí tienes lo que es tuyo. [26] Respondiendo su señor, le dijo: Siervo malo y negligente, sabías que siego donde no sembré, y que recojo donde no esparcí.[27] Por tanto, debías haber dado mi dinero a los banqueros, y al venir yo, hubiera recibido lo que es mío con los intereses.[28] Quitadle, pues, el talento, y dadlo al que tiene diez talentos.[29] Porque al que tiene, le será dado, y tendrá más; y al que no tiene, aun lo que tiene le será quitado.[30] Y al siervo inútil echadle en las tinieblas de afuera; allí será el lloro y el crujir de dientes.

¿Cuál es el mensaje que la parábola enseña?

▶ **Capacidad individual:** Cristo habla de reconocer la capacidad de cada quien, a la hora de entregar los talentos, a cada persona le entrego una cantidad diferente. Tienes que identificar en tu equipo, la capacidad de cada quien, para que dicho miembro del equipo pueda ejecutar lo que solicitas, con excelencia.

▶ **Confianza:** Relata la historia que el amo se fue y dejo a cada quien la encomienda, dándole la libertad y confianza de que harían el mejor esfuerzo de multiplicar el talento entregado. Cuando delegues una tarea, no trates de influir en la forma en como lo deben hacer, dirígelos que no es lo mismo.

Bríndales espacio para que su creatividad fluya, así lograras mayor compromiso y mejores resultados.

▶ **Seguimiento:** Cuenta la parábola que al tiempo volvió el dueño a pasar balance y obtuvo el resultado de cada quien. Tienes que tener en cuenta que el seguimiento no es perseguirlos, ni llevarlos al paredón, es un mecanismo que le dice a cada miembro: debo hacerlo bien, porque tendré que dar cuentas primero a Dios, luego a mi líder, gerente o pastor. Con el seguimiento hay compromisos de entregas y de finalización de las tareas.

▶ **Resultados:** Al final de la historia uno de los encomendados enterró el talento porque el dueño tenía fama de siempre obtener resultados, lo que género en el temor. Debes estar listo para escuchar este tipo de excusas cuando no se logre una tarea y saber cómo manejar la situación con sabiduría. Ahí radica la importancia de conocer la capacidad de cada quien.

AMENAZAS AL LIDERAZGO

Confieso que este debe ser uno de los capítulos más difíciles que este libro pueda expresar. Describe una serie de elementos que pululan cerca del líder en toda su trayectoria, en algunos casos detectables a simple vista, en otros sutiles, cuya presencia no se detecta, hasta que la herida empieza a sangrar.

Las amenazas del liderazgo, son una realidad, para las que quien esté en la disposición de que Dios lo llame a esta función, deberá desarrollar una madurez espiritual y mental para lidiar con estos enemigos, manejarlos y dejarlos atrás una vez se presentan atentando contra el crecimiento de la obra.

Muchos son los líderes y ministerios que han sido presa de estos y que han puesto fin a una carrera que Dios inicio. Al final se intentó luchar solo contra estos enemigos, dando como resultado el fin de un trabajo. La parte más difícil de estos enemigos, es cuando tus amigos, o familiares, se convierten en agentes propulsores de estas amenazas. Cuyas opiniones y pensamiento, pesan y son valoradas por la persona a quien se le refiere, lo cual causa una herida mayor a que si fuera un particular o conocido.

Estos son los enemigos más comunes del liderazgo.

5.2 Desánimo

Esta amenaza se presenta frecuente en nuestro entorno de liderazgo, y se define como "Acción de quitar el ánimo o la ilusión a una persona o proyecto"; también es la reducción del ánimo físico moral, eliminando toda posibilidad de logro, de la mente del atacado.

Es la jugada que se intenta cuando te has levantado con un proyecto nuevo, una idea que Dios mismo puso en ti para hacer algo en su reino que traiga resultado. Se lo presentas a alguien sin visión, ni conexión con Dios y como no paso por su mente, la respuesta será, intentar desanimarte con las palabras·

El Constructor de la obra

mágicas: **"Es una buena idea, pero muy complicado, nadie ha podido hacerlo, no se puede"**.

La historia de Nehemías que es la que tenemos como base, tiene un episodio en el que sus enemigos, influyentes en el pueblo, pero envidiosos y con actitud amenazante, intentaron desanimar al pueblo con la reconstrucción del muro.

Nehemías 4:3-5.

"Tobías el Amonita estaba cerca de él, y dijo: "Aun lo que están edificando, si un zorro saltara sobre ello, derribaría su muralla de piedra."4 Oye, oh Dios nuestro, cómo somos despreciados. Devuelve su oprobio sobre sus cabezas y entrégalos por despojo en una tierra de cautividad. 5 No perdones su iniquidad, ni su pecado sea borrado de delante de Ti, porque han desmoralizado a los que edifican.

La enseñanza es que Nehemías lejos de desanimarse y volver a su vida cómoda, olvidando la construcción, se preparó para la guerra motivando a su gente a seguir trabajando y a tener las armas listas por si el enemigo intentaba una jugada.

Otra historia dentro de la base bíblica, es la de la entrada a la tierra prometida y la visita de los 12 espías a reconocer el lugar que Dios había prometido, al llegar al lugar estaban enfocados en las bondades que brindaba ese terreno, pero la presencia de los hijos de Anac, los llevo a considerarse insectos delante de ellos.

Números 14:5-9

Entonces Moisés y Aarón cayeron sobre sus rostros en presencia de toda la asamblea de la congregación de los Israelitas. 6 Y Josué, hijo de Nun, y Caleb, hijo de Jefone, que eran de los que habían reconocido la tierra, rasgaron sus vestidos; 7 y hablaron a toda la congregación de los Israelitas y dijeron: "La tierra por la que pasamos para reconocerla es una tierra buena en gran manera. 8 "Si el SEÑOR se agrada de nosotros, nos llevará a esa tierra y nos la dará; es una tierra que mana leche y miel. 9 "Sólo que ustedes no se rebelen contra el SEÑOR, ni tengan miedo de la gente de la tierra, pues serán presa nuestra. Su protección les ha sido quitada, y el SEÑOR está con nosotros; no les tengan miedo."

Enfócate en lo que Dios ha dicho y en la obra que tienes que realizar. Mientras el pueblo estaba animado por el reporte de dos de los príncipes que hablaban de las bondades del lugar y mostraban la evidencia, diez de ellos le echaban un balde de agua helada, hablando de una "amenaza" que siquiera existía.

Para esos casos se necesitan líderes que se atrevan a proclamar lo que Dios ha hablado, desechando el desánimo y caminando firme dentro de la voluntad de Dios.

> **Para esos casos se necesitan líderes que se atrevan a proclamar lo que Dios ha hablado, desechando el desánimo y caminando firme dentro de la voluntad de Dios.**

5.3 Rechazo

Uno de las más comunes en el entorno; Se define como un sentimiento de no aceptación o desaire que recibe una persona. Es el repudio que se recibe de parte del público o de los integrantes del radio de acción frente a una propuesta o proyecto.

Dentro del liderazgo puede presentarse el rechazo como respuesta de una persona y /o grupo, cuando no está de acuerdo o no entiende la visión que tienes. Es el momento en el que sientes que estas empujando la pared solo, porque nadie cree o se acerca hacia lo que estás haciendo, hasta que empieza a caminar.

Es el momento más difícil del liderazgo, en el que se necesita mucha madurez para no hacer caso a las provocaciones y mucha disposición para empujar solo el barco, consciente y confiado de lo que Dios ha hablado para esa obra que iniciaste.

Puede ser el momento en el que se cometa el error de novatos, de querer demostrar lo que un grupo de personas no está en

El Constructor de la obra

la disposición, ni poseen el interés de ver, sencillamente porque decidió rechazarte, sin siquiera saber cuál es el trabajo que vas a realizar.

Si estás atento a la lectura del libro, te habrás dado cuenta que he mencionado en varias ocasiones, las frases: "Lo que Dios ha dicho o lo que Dios quiere hacer contigo". Es muy importante en el líder llamado a ser parte de la obra de Dios, la seguridad de que es Dios quien ha hablado y no su emoción y deseo de hacer algo diferente y llamativo.

5.4 ¿Qué hacer cuando tu liderazgo se ve rechazado?

1.   No intentes convencer a nadie que ya tomó la decisión de rechazarte.

2.   No implores el favor de que te sigan o te crean. Cristo nunca lo hizo.

3.   No intentes hacer más de lo que puedes con el objetivo de impresionar, lo que puede traer como resultado es tu fracaso.

4.   No te detengas a pasar lista para ver quien está contigo o no, inicia el trabajo, aunque sea solo y Dios levantara gente que vean lo que él ha puesto en ti.

5.   No pierdas tiempo en convencer al grupo que no te sigue, es mejor si se alejan pues no son una buena influencia para los otros.

6.   Enfócate en el plan que has trazado con Dios para la obra que te ha sido encomendada

7.   El grupo que te rechaza, vendrá después a pedir perdón porque no entendían lo que hacías, hazle ver que eres un líder llamado por Dios, perdonándolos y cuando veas su intención genuina, intégralos.

Base bíblica:

1era Samuel 8:7-9

Y el SEÑOR dijo a Samuel: "Escucha la voz del pueblo en cuanto a todo lo que te digan, pues no te han desechado a ti, sino que Me han desechado a Mí para que Yo no sea rey sobre ellos. 8"Así como todas las obras que han hecho desde el día en que los saqué de Egipto hasta hoy, abandonándome y sirviendo a otros dioses, así lo están haciendo contigo también. 9"Ahora pues, oye su voz. Sin embargo, les advertirás solemnemente y les harás saber el proceder del rey que reinará sobre ellos."

La respuesta para el rechazo en el liderazgo impuesto por Dios, es el tiempo y la gracia que se ha depositado en ti, la cual irá en aumento atrayendo a aquellos que en principio no creían, cuando vayan viendo los resultados de lo que Dios ha dicho.

El rechazo duele, en muchas ocasiones intentaran ridiculizarte y avergonzarte, pero la esperanza en el que todo lo puede no avergüenza, sino que da frutos y prospera, aunque duela, aunque sientas por momento que vas solo y todos en tu contra, mantente firme.

5.5 Complacer

Seguimos enlistando los principales enemigos que te encontraras en el camino, y el que definimos ahora es un asesino silente, pues si no estás alerta a cuando se presenta, puedes estar entregando el liderazgo en manos de alguien que no tiene LLAMADO y cuya función es destruir lo que has iniciado de manos de Dios.

En su definición: **"Se trata de causar a otro satisfacción o placer con el objetivo de agradarle."** En muchos casos es dejar de lado lo que eres, incluido tu carácter y propósito, solamente para que otra persona y/o grupo satisfagan un "capricho."

El Constructor de la obra

Dentro de las relaciones significativas, en donde están la amistad, noviazgo y matrimonio, en ocasiones se deberá complacer en cierta medida y flexibilizar, con el objetivo de mantener la comunión en la relación, por lo que en muchos casos hay que ceder y cumplir "peticiones" por el bien de la pareja.

Dentro del liderazgo no es tan sencillo, partiendo de que un líder debe tener claro el rumbo trazado por Dios hacia la obra encomendada y procurar la dirección de Dios en cada paso y situación. Esto lleva como consecuencia que la flexibilidad en la forma como lo hagas, va sujeta a que esa modalidad no contradiga la dirección de Dios, por más "Fácil", "Interesante" y "Ventajosa" que parezca.

Cuando hablamos de este tema, no nos referimos a la creación de un villano o tirano que no le da oportunidad a su equipo, cabe recalcar que parte de un buen liderazgo es la participación grupal, siempre y cuando se mantenga dentro de las directrices.

Este tema viene a alertarte de esas "ideas innovadoras" que te querrán vender, y presionarte para que las ejecutes, aun cuando van en contra de tu línea de acción y la dirección que Dios ha trazado; las cuales vienen con un componente de sugestión y manipulación de dejarte solo si no actúas en consecuencia a sus ideas.

Ejemplo 1: Aarón, en el libro de Éxodo llevó a la multitud a pecar contra Dios, solo porque no supo mantener el carácter y fue "complaciente" con la petición de la creación de un ídolo.

Éxodo 32:2-5

Aarón les respondió: "Quiten los pendientes de oro de las orejas de sus mujeres, de sus hijos y de sus hijas, y tráiganmelos." 3Entonces todo el pueblo se quitó los pendientes de oro que tenían en las orejas y los llevaron a Aarón. 4 El los tomó de sus manos y les dio forma con buril, e hizo de ellos un becerro de fundición. Y ellos dijeron: "Este es tu dios, Israel, que te ha sacado de la tierra de Egipto."

Ejemplo 2: Cristo no fue complaciente cuando los discípulos le pidieron que suavizara el mensaje de su predicación, solo porque la gente se estaba yendo de su lado.

Juan 6:66-67

Como resultado de esto muchos de Sus discípulos se apartaron y ya no andaban con El. Entonces Jesús dijo a los doce discípulos: "¿Acaso también ustedes quieren irse?"

La biblia tiene ejemplos que nos muestran que en esos momentos de peticiones que van en contra de lo ordenado por Dios, hay que demostrar carácter y convicción del liderazgo, haciéndoles ver que aunque nos quedemos "SOLO", Dios cumplirá el propósito para el que fuimos llamados.

5.6 Cansancio

En nuestra vida de liderazgo habrá momentos en los que llegará este elemento y tocará nuestra puerta. El trabajo en el ministerio, el contacto con la gente y la constante entrega hacia lo que Dios ha determinado, puede producir cansancio si no sabemos administrar las energías.

El cansancio puede producirse en lo físico y en lo espiritual.

En lo físico; Por la constante demanda de energía de nuestro cerebro y nuestro cuerpo para cumplir los objetivos y planes. Para lo que necesitas desarrollar una disciplina de administración, ser consciente de que debes descansar y sacar el tiempo para hacerlo, despejar la mente.

En lo espiritual; Cuando sientes que el depósito de Dios para tu vida se está terminando como líder o pastor. Es recurrente la demanda de predicas y de enseñanzas que dependen de la gracia y misericordia de Dios para que hagan efecto en las vidas, si no

El Constructor de la obra

somos conscientes que el depósito se agota, puede producirse un cansancio espiritual, para lo que necesariamente se recomienda detenerte.

Para evitar este cansancio espiritual toma en cuenta:

• Aparte de la oración por el trabajo encomendado, necesitas alimentarte y fortalecerte espiritualmente para que puedas dar a otros.

• En nuestro caso no es una opción estar conectados con Dios, es imprescindible para ejecutar el propósito de Dios.

• Procura abastecer el depósito de unción, sacando tiempo para derramarte en la presencia de Dios, provocando su llenura.

• No cometas el error de guardar frustraciones y desencantos, desahógate, llora, descarga todo lo que tienes en tu corazón, pero hazlo en la presencia de Dios.

• Recuerda que solo somos vasos e instrumentos, el día que entiendes que puedes solo sin Dios, hasta ese día llego tu liderazgo.

EL CORAZÓN
DEL LÍDER

Este es el punto principal que todo aspirante a líder debe asimilar y guardar para sí, como un especial tesoro y como la bujía inspiradora que lo llevara a cumplir su llamado aquí en la tierra.

La biblia enseña que el hombre tiene un problema serio con su corazón. Es engañoso y perverso, no tenemos forma de conocerlo porque cuando estamos creyendo que lo hacemos bien, resulta todo lo contrario. **Cuando hablamos del corazón del líder, hablamos de un corazón, que debe ser moldeado por las manos de Dios y sometido a su voluntad, entregándolo completamente todo a Él.**

Si buscamos en la biblia las cualidades que tenían los grandes líderes, aparte de ser hombres de guerra y de estrategia militar, resaltaban algunas que los elevaba del resto y los hacia ser y actuar diferentes.

6.2 Humildad

Este tesoro perdido y olvidado por muchos, era una de las principales características de esos líderes, eran Humildes. Contrario a lo que hoy vemos y conocemos como los estándares del liderazgo a nivel mundial. A mayor rango de acción e influencia, son más "Arrogantes", "Altivos" y "Prepotentes".

Encontré una definición de humildad que me pareció la más interesante para lo que plantea este capítulo:

La palabra Humildad proviene del latín humilitas, que significa "pegado a la tierra". **Es una virtud moral contraria a la soberbia, que posee el ser humano en reconocer sus debilidades, cualidades y capacidades, y aprovecharlas para obrar en bien de los demás, sin decirlo. De este modo mantiene los pies en la tierra, sin vanidosas evasiones a las quimeras del orgullo.**

El Constructor de la obra

El líder para poder acercarse a los demás y poder ganar su confianza, debe demostrar humildad. Reconociendo sus atributos y defectos, y en la misma medida reconociendo los que tienen los que le rodean. Debes entender que no eres único en tu especie, que hay personas que Dios ha puesto a tu lado con capacidad para ayudarte.

El líder para poder acercarse a los demás y poder ganar su confianza, debe demostrar humildad.

Nuestro problema con la humildad, es que confundimos el término con humillación. El cual significa hacerse al menos y denigrarse humana y públicamente, permitiendo que otros te pisoteen.

Ser humilde es modelar lo que Cristo pidió que hiciéramos y como actuáramos, si Él siendo el líder por excelencia modelo humildad. ¿Porque debo yo como líder ser arrogante?

Mateo 11:29

¨Llevad mi yugo sobre vosotros, y aprended de mí, que soy manso y humilde de corazón; y hallaréis descanso para vuestras almas¨

Romano 12:3

¨Basado en el privilegio y la autoridad que Dios me ha dado, le advierto a cada uno de ustedes lo siguiente: ninguno se crea mejor de lo que realmente es. Sean realistas al evaluarse a ustedes mismos, háganlo según la medida de fe que Dios les haya dado.¨

En la biblia, podemos ver un llamado a tener cordura en lo que hacemos y en cómo nos vemos, siendo humildes y reconociendo al más grande que hay encima de nosotros. Al modelar esta virtud podrás alcanzar a otros y tendrás la facilidad de tratar con diversos tipos de carácter y temperamentos, con éxito.

¡Se Humilde!

6.3 Rendido a Dios

Este libro enfoca el liderazgo partiendo de lo general a lo particular, sin embargo el objetivo principal es plasmarlo hacia, **como ser líder dentro del marco dejado por Dios en la biblia.** Como influir en mi congregación y así llevar a cabo el propósito de Dios en mi vida (Si tengo el llamado al liderazgo).

La actitud de rendirse a Dios como líder, es vital en la intención de hacerle ver que lo necesitas, que no quieres cometer errores y que anhelas dar pasos seguros dentro de su dirección, que quizá no será de agrado de todos, sin embargo es lo que te llevara al éxito, entendiendo que estarás avanzando en obediencia y no por impulso.

Cuando vamos a la biblia vemos que el líder que tuvo éxito siempre, poseía una cualidad y es la de rendirse y no dar un paso sin esperar la voz de Dios. En el momento en el que lo hacían, confiando en sus estrategias y conocimiento el pueblo de Dios perdía las batallas y se desviaban del camino.

Cuando vemos a:

Josué: en su capítulo 1, lo primero que vemos es una conversación (Oración), donde el nuevo caudillo, de la mano de Moisés conocía el pueblo, territorio, capacidad y demás; Sin embargo su primer paso fue rendirse y pedir el favor y la ayuda de Dios.

Muros de Jericó: Si leemos la biblia detenidamente en el capítulo 6, del libro de Josué podemos observar que la estrategia no nace en la mente maestra de Josué, sino que, hay un principio de oración y entrega que hacen al líder Grande.

¿Crees que el pueblo completo o parte de los que estaban cerca de Josué creyeron en primera instancia en la locura de derribar un muro gritando? Aunque la biblia no lo registra, la experiencia en el liderazgo me indica que una idea que viene del cielo, que

El Constructor de la obra

no es COMÚN, tiene oposición aun dentro de tu círculo. En ese momento es que se debe poner en manifiesto tu FÉ y tu carácter para que los demás vean, que si Dios ha enviado en esa dirección, vas solo detrás de la Victoria.

Me permito recalcar que la intención de este trabajo, es orientar a una generación que va al liderazgo orientado en la obra del Señor, donde no puede ser una opción pretender dirigir sin la ayuda y directriz del dueño de la obra.

¿Quieres ser victorioso en el liderazgo? ¡Ríndete a Dios!

6.4 Entregado

Otra de las cualidades principales que muestra un líder es su entrega a la causa y a quienes la apoyan, es la disposición de mostrar interés en lo que pueda ocurrirles y decir presente, en las ocasiones que lo ameriten, demostrando que no solo deseas su apoyo para tu causa, sino que te interesa quienes son en particular.

Dentro de esto es bien importante entender que no eres Superman, no eres el salvador, no tienes un aparato tele transportador que te lleve en segundos a cada lugar para darle asistencia a todos, y no trabajas 24 horas al día para el ministerio.

Dentro de la sabiduría y la entrega del líder, debe estar el discernir las prioridades y tener un equipo alrededor que le represente en las ocasiones en las que no pueda estar físicamente; las que te aseguro, serán muchas.

Dentro de la sabiduría y la entrega del líder, debe estar el discernir las prioridades.

En el desierto, Jetro le aconsejo a Moisés la formación de un equipo de jueces que lo ayudara en las tareas de seguimiento y solución de casos, entendiendo que por lo numeroso del pueblo, se hacía imposible el seguimiento personal a cada uno; de la misma manera, dependiendo el tamaño del grupo que lideras, debes priorizar donde enfocarte, para no desgastarte en las funciones de seguimiento y cumpliendo con invitaciones.

La razón fundamental es que necesitas tiempo para tu entrega y búsqueda de Dios, cada visita que haces conlleva que entregues lo que Dios te ha dado, por lo que igual que un vehículo necesita combustible, necesitas tiempo para recargar tu unción y fuerzas espirituales.

Cuando vemos a Cristo y su entrega al ministerio en el tiempo que estuvo con los discípulos, podemos ver como el, sacaba tiempo para estar a solas. En ese momento oraba al Padre y recargaba sus fuerzas espirituales, preparándose cada día para la tarea que le había sido encomendada.

Ser líder no es sencillo, te demandaran tiempo, atención, soluciones, consejos, etc., por lo que debes recordar y atesorar que si no puedes estar físicamente en todas y tienes un equipo que te represente y te respalde, no has fallado; Ahora bien, si intentas dedicar todo tu tiempo y esfuerzo a visitas y prometer estar en todo, te puedo asegurar que fallaras en las demás asignaciones.

¡Entrégate, pero no prometas lo que no puedes cumplir!

6.5 Desarrollador

La última parte de este capítulo presenta la idea de lo que, cada líder debe tener en su mente: **La idea de ser desarrolladores del talento de otros, contrario a lo que muchos piensan y predican sobre ser los únicos y pensar que son eternos.**

La importancia del liderazgo radica en el hecho de que el sueño no muera con el líder. Deberás ser capaz de preparar y empo-

El Constructor de la obra

derar a quienes van a ser tus sucesores, sin egoísmo, ni miedo.

Es un tanto difícil diría cualquier líder, concebir un sueño y compartirlo con el riesgo que otro lo robe, lo desarrolle y se lleve el crédito, es por eso que debes ser sabio, entendido y conocer bien quien merece tu confianza y sobre todo, en las manos de quien depositas esa responsabilidad.

Si hacemos el símil de un bebe que luego del tiempo de puerperio su madre debe volver a sus labores de trabajo, necesita de alguien que cuide, alimente y vele por el niño, sobre todo que le mantenga en su mente la idea de que aunque ella lo cuida, no es su madre; de igual manera el liderazgo y el desarrollo de talentos, necesitas identificar con vista de águila a quienes Dios ha puesto a tu lado, para impulsar el proyecto y que luego que dejes de existir, el sueño perdure, reconociendo quien coloco el cimiento.

Hablamos mucho de relevos y de abrirle pasos a la nueva generación, lo cual es el modelo que debemos imitar, pues vemos los pasos de Moisés y Josué; lo que en ocasiones no vemos, es que uno necesita del otro y mientras esa dinámica se mantenga unida y sana, sin egoísmos y vanagloria, el éxito será mayor en las manos de Dios.

Este es el verdadero trabajo del líder, identificar talentos, motivarlos a formarse y luego desarrollarlos hasta que alcancen todo su potencial; Recuerda que si ellos crecen, tu creces, si ellos alcanzan éxito, de igual manera tú.

Eres llamado a influenciar a otros y a desarrollar sus capacidades y talentos ¡No temas!

LA ACTITUD
DEL LÍDER
FRENTE A DIOS

A esta altura, ya habrás notado que el modelo de liderazgo planteado en este libro es diferente al que el mundo presenta, sus éxitos no se miden con los mismos indicadores, por lo que la forma de expresarlo y practicarlo, de igual manera, debe ser diferente.

Este liderazgo tiene un jefe supremo; nuestro Dios, por lo que reconocemos que Él ha puesto la capacidad, llamado y gracia para poder influir en otros, lo mandatorio es decidirse a una vida que se apegue a sus normas y en la que durante el ejercicio del liderazgo, se pueda llegar al objetivo, que es modelar a Cristo para ello existen dos valores fundamentales que todo líder debe poseer, seguir y vivir.

7.2 Dependencia

La dependencia es el estilo que Moisés utilizo en el desierto, en el que no se movían, comían, ni tomaban decisiones sobre dónde ir, hasta que el mismo Dios los guiaba; su líder principal le enseño al pueblo, que antes de salir a la guerra o tomar una decisión, había que consultar a Jehová y estar seguro de la voluntad de Dios, para no cometer errores.

Éxodo 3:14

Entonces dijo Moisés a Dios: He aquí, si voy a los hijos de Israel, y les digo: ``El Dios de vuestros padres me ha enviado a vosotros, tal vez me digan: `` ¿Cuál es su nombre?, ¿qué les responderé?. Y dijo Dios a Moisés:YO SOY EL QUE SOY.Y añadió:Así dirás a los hijos de Israel: ``YO SOY me ha enviado a vosotros.

Cuando estamos en el liderazgo y entendemos esto, vivimos bajo la realidad de que estamos sometidos voluntariamente a un modelo de éxito que se basa en obediencia y en el hecho de buscar la voluntad de Dios en cada paso que se da; es decir estamos en un ejército donde no debemos movernos sin recibir alguna orden explicita.

El Constructor de la obra

Entra en juego el ejercicio de la fe, de empezar a dar pasos sin ver con claridad el propósito, proyectando a quienes lideras la confianza en un Dios que aunque no te muestre el plan completo, no tienes dudas de que El cumplirá su propósito en ti.

Nehemías 1:4-11

Y cuando oí estas palabras, me senté y lloré, e hice duelo algunos días, y estuve ayunando y orando delante del Dios del cielo. 5 Y dije: Te ruego, oh SEÑOR, Dios del cielo, el grande y temible Dios, que guarda el pacto y la misericordia para con aquellos que le aman y guardan sus mandamientos, 6 que estén atentos tus oídos y abiertos tus ojos para oír la oración de tu siervo, que yo hago ahora delante de ti día y noche por los hijos de Israel tus siervos, confesando los pecados que los hijos de Israel hemos cometido contra ti; sí, yo y la casa de mi padre hemos pecado. 7 Hemos procedido perversamente contra ti y no hemos guardado los mandamientos, ni los estatutos, ni las ordenanzas que mandaste a tu siervo Moisés. 8 Acuérdate ahora de la palabra que ordenaste a tu siervo Moisés, diciendo: ``Si sois infieles, yo os dispersaré entre los pueblos; 9 pero si volvéis a mí y guardáis mis mandamientos y los cumplís, aunque vuestros desterrados estén en los confines de los cielos, de allí los recogeré y los traeré al lugar que he escogido para hacer morar allí mi nombre. 10 Y ellos son tus siervos y tu pueblo, los que tú redimiste con tu gran poder y con tu mano poderosa. 11 Te ruego, oh Señor, que tu oído esté atento ahora a la oración de tu siervo y a la oración de tus siervos que se deleitan en reverenciar tu nombre; haz prosperar hoy a tu siervo, y concédele favor delante de este hombre.

7.3 Obediencia

Esta es una condición vital en la vida del líder que quiere servir a Dios y que busca hacer su voluntad y ver los resultados de la gracia de Dios sobre su vida, para ver el cumplimiento de la obra de Dios en lo que se le encomendó.

Una de las fallas más comunes en el liderazgo, es el punto de querer abrazar un resultado diferente al establecido por Dios para ti, ahí entra la importancia de centrarse en la obediencia a las instrucciones divinas y sobre todo el apego al plan que de acuerdo a la visión estableciste.

En el camino, el panorama ira cambiando, pues las realidades cambian de acuerdo a como el plan se ejecute y los supuestos se hagan realidad, en el ambiente de Fe y en la labor del líder de influenciar, dirigir y dejar una semilla buena en su círculo, la obediencia para avanzar en los momentos difíciles se vuelve la prioridad principal.

Algunas referencias bíblicas que podríamos identificar:

A Moisés le costó la entrada a la tierra prometida una desobediencia a Dios, que a nuestros ojos pudo ser injusta; Sin embargo, él tenía una instrucción muy clara departe de Dios, no obstante su frustración por la actitud del pueblo que dirigía, lo llevo a desobedecer su asignación.

Ver historia en Deuteronomio 32:52

A Saúl le costó el reinado y la permanencia de su linaje en el mismo, movido por la ambición de tomar para sí y el "culto a Dios", elementos que puntualmente se les pidió eliminar incluso la vida de sus enemigos.

Ver historia en 1er Samuel 15

El costo de la desobediencia es incalculable, trae una serie de efectos colaterales que alcanzan y dañan todo a su alrededor.

Podríamos seguir enumerando los casos, más la realidad es que el costo de la desobediencia es incalculable, trae una serie de efectos colaterales que alcanzan y dañan todo a su alrededor.

EL LÍDER
Y SU LLAMADO

POR EL PASTOR MIGUEL LUPERÓN

Responder afirmativamente al llamado que Dios nos hace, es la más noble y excelsa de las decisiones que pudiéramos tomar. Sin embargo, no podemos dejar de lado que esta decisión requerirá compromiso y sacrificio.

Aunque el compromiso denota una obligación, ésta no debe responder a la realización de una tarea de forma involuntaria, sino al agradecimiento que tenemos del Señor por los favores que hemos recibido y por lo que Él representa para nosotros.

El llamado podemos definirlo, como la forma que tiene Dios de captar nuestra atención, dándonos propósito dentro de su diseño.

El llamado podemos definirlo, como la forma que tiene Dios de captar nuestra atención, dándonos propósito dentro de su diseño. Es decir, que cada uno de nosotros jugamos un papel importante dentro de su eterno plan y por causa de nuestra naturaleza caída requerimos de la revelación para poder actuar conforme a su voluntad.

"Y sabemos que a los que aman a Dios, todas las cosas les ayudan a bien, esto es, a los que conforme a su propósito son llamados. 29. Porque a los que antes conoció, también los predestinó para que fuesen hechos conformes a la imagen de su Hijo, para que él sea el primogénito entre muchos hermanos. 30. Y a los que predestinó, a éstos también llamó; y a los que llamó, a éstos también justificó; y a los que justificó, a éstos también glorificó."

- Romanos 8:28-30

El apóstol Pablo nos está diciendo, que todo el que ha sido llamado tiene un propósito, independientemente de las circunstancias que haya vivido o esté atravesando. Mucho antes de nosotros venir a existencia en esta dimensión física o natural, ya éramos en la mente de Dios. Aún antes de nacer, Él ya conocía el primer y último de nuestros días. Sabía quiénes escogeríamos servirle y amarle hasta el fin. Es a este grupo de personas a quienes enton-

El Constructor de la obra

ces Él marca un destino, no porque Él lo haya prefijado, sino porque conoció de antemano el uso que daríamos a nuestro albedrío inclinándonos a hacer su voluntad.

El propósito de nuestro llamado no es adjudicarnos gloria ni la alabanza, ni mucho menos sacar beneficios personales, sino que seamos hechos conformes a la imagen de Su Hijo de manera tal que podamos mediante nuestro ejercicio ministerial reflejar la vida de Cristo.

> **El propósito de nuestro llamado no es adjudicarnos gloria ni la alabanza, ni mucho menos sacar beneficios personales.**

Asumir un compromiso siempre será un reto. Muchas serán las cosas de las que tendremos que despojarnos por causa del llamado. Cuando Dios llamó a Abram le hizo un desafío:

"Pero Jehová había dicho a Abram: Vete de tu tierra y de tu parentela, y de la casa de tu padre, a la tierra que te mostraré."

- Génesis 12:1

Muchos pensarían que para Abram fue fácil tomar la decisión de servir a Dios. Sin embargo, no fue tan fácil como parece. Lo primero que debemos considerar es que Abram gozaba de una buena posición económica. Segundo, Ur era el centro económico de su época, es decir que, si había posibilidades de desarrollo y prosperidad, Ur era el lugar perfecto para permanecer. Tercero, Abram tenía a toda su familia con él. Teniendo todas éstas condiciones favorables, Abram decide obedecer a Dios y tomar un rumbo desconocido.

El compromiso con el llamado nos inducirá a creer y a confiar en el Señor. Aunque la tierra a donde Dios nos esté guiando sea un camino inexplorado por nosotros, Dios de antemano ha preparado todo para sustentarnos en la travesía y para que lleguemos a destino.

"Respondió Jesús y dijo: De cierto os digo que no hay ninguno que haya dejado casa, o hermanos, o hermanas, o padre, o madre, o mujer, o hijos, o tierras, por causa de mí y del evangelio, 30. que no reciba cien veces más ahora en este tiempo; casas, hermanos, hermanas, madres, hijos, y tierras, con persecuciones; y en el siglo venidero la vida eterna."

- Marcos 10:29-30

El Maestro nos está enseñando que nuestra motivación no sean las recompensas, sino solamente honrarle y agradarle a Él; Dios ha de recompensarnos por haber creído, confiado y obedecido.

A lo largo de mis más de veinte años de carrera ministerial he atravesado por diferentes etapas y posiciones, cada una de ellas han sido de importancia capital para la formación del carácter que nos demanda tener un llamado y responder al él. No menospreciemos los procesos pues ellos nos permiten madurar y conocer el corazón de Dios. Nuestro modelo a seguir es Jesús, quien respondió afirmativamente y con compromiso al llamado que Su Padre le hizo. Nos enseñó la mayor expresión del uso del albedrío que puede mostrar un hombre; que teniendo libertad para hacer su voluntad, su decisión fue hacer la voluntad de Su Padre.

> **Nuestro modelo a seguir es Jesús, quien respondió afirmativamente y con compromiso al llamado que Su Padre le hizo.**

"No puedo yo hacer nada por mí mismo; según oigo, así juzgo; y mi juicio es justo, porque no busco mi voluntad, sino la voluntad del que me envió, la del Padre." **- Juan 5:30**

"Porque he descendido del cielo, no para hacer mi voluntad, sino la voluntad del que me envió." **- Juan 6:38**

El Constructor de la obra

Cuando logramos entender que hemos sido llamados, no para hacer nuestra voluntad sino para hacer la voluntad del que nos llamó; no para hacer lo que nosotros entendemos y lo que nos agrada hacer, sino para hacer lo que Dios desea que hagamos; no para establecer tradiciones, sino para establecer la cultura del Reino; no para buscar que nuestros nombres queden grabados en la memoria de la gente, sino para que Cristo sea impreso en el corazón de generaciones; entonces sintámonos complacidos porque se cumplió en nosotros lo que nos enseña la Escritura;

"Así también vosotros, cuando hayáis hecho todo lo que os ha sido ordenado, decid: Siervos inútiles somos, pues lo que debíamos hacer, hicimos."

- Lucas 17:10:

Finalmente, el que hayamos asumido con compromiso nuestro llamado tiene que ver con el nivel de intimidad que hayamos desarrollado con el Señor. No hay llamado, ministerio, revelación, unción, ni propósito sin Cristo. Todo se trata de Cristo, no de nosotros.

"Doy gracias al que me fortaleció, a Cristo Jesús nuestro Señor, porque me tuvo por fiel, poniéndome en el ministerio."

- 1 Timoteo 1:12

Poder servirle es un privilegio. ¡A Él sea toda la gloria!

EL COMPROMISO DEL LÍDER LLAMADO POR DIOS

POR EL PASTOR EMERSON ESPINOSA

Ante los cambios que se experimentan en el mundo actual y frente a estas demandas, el ser humano se ve precisado a definir de una forma consciente cual habrá de ser su rol, si tendrá que jugar un papel estelar o simplemente tomara la posición del encierro o el ensimismo; y es justo ahí donde tenemos que definir la persona que asumirá dicho desafío.

Para ocupar el LIDERAZGO que transformará el pensamiento, esa persona necesitará de aptitud y actitud, que garanticen el éxito de esa empresa o proyecto relevante. Afinando el concepto de LIDER, que es una palabra de origen anglosajón LEADER y que en principio era aplicado exclusivamente a los animales más fuertes que iban delante en una manada, pero con el paso de los años y específicamente en el siglo XII, fue aplicándose a los a seres humanos por su capacidad de influir en otros.

Para los psicólogos una persona bien tímida puede influir en unas 10,000 personas durante su vida, lo que da por sentado que el ser humano ha sido creado por nuestro Señor para LIDERAR.

Genesis 1:26 nos dice:

"Y dijo Dios hagamos al hombre conforme a nuestra imagen y semejanza; y señoree en los peses del mar, las aves de los cielos y todo lo que se arrastra sobre la tierra"; lo cual es una clara evidencia de que fuimos diseñados para ello.

Pero cabe preguntar ¿Qué es ser líder?; y es muy importante que entendamos que este concepto no se define por una posición, más bien se define por las acciones, porque es bien probable que existan personas con posición, pero sin la disposición y la actitud correcta en el ejercicio de dirigir personas.

El escritor del libro de hebreos afirma:

"Y nadie toma para si esta honra, sino el que es llamado por Dios, como lo fue Aaron" **Hebreos 5:4**

El Constructor de la obra

Si observamos detenidamente el texto veremos que habla de que existe una honra en liderar, pero esto debe manejarse desde el punto de vista de lo establecido por el Maestro cuando dijo:

"Mas Jesús, llamándolos, les dijo: Sabéis que los que son tenidos por gobernantes de las naciones se enseñorean de ellas, y sus grandes ejercen sobre ellas potestad. Pero no será así entre vosotros, sino que el que quiera hacerse grande entre vosotros será vuestro servidor, y que de vosotros quiera ser el primero, será siervo de todos. Porque el Hijo del Hombre no vino para ser servido, sino para servir, y para dar su vida en rescate por muchos". **Marcos 10:42-45**

Esta es una clara evidencia de cuál debe ser la implicación de ese llamado a liderar. Hablar del llamado, nos debe colocar frente a su contexto:

► **PRIMERO** debe ser llamado por su nombre propio, como se establece en el verbo griego Kalein, esto es para que no existan dudas de fue a ti a quien se llamó.

► **SEGUNDO** que debe igual existir una asignación a desarrollar, por medio de tus dones o ministerio, aquí es un llamado que comisiona; para los griegos aquí se aplica el adjetivo Klesis. Y

► **TERCERO** que toda asignación tiene rendir cuentas de lo recibido y desarrollado; ya en esto los griegos emplean un sustantivo aplicado al llamado que es Kalein, que para el contexto histórico sea aplicaba, cuando se sentaba a la mesa el amo e inquirir pidiendo razones o explicación de esos dones o talentos entregados al que fue llamado.

¿Cómo respondemos a ese llamado?

Nos corresponde analizar y estar conscientes que **general-mente no nos sentimos preparados o capacitados para responder a ese llamado, sin importar cual haya sido nuestra preparación,** por ello veamos el ejemplo de uno de los hombres más grandes en las narrativas bíblicas, me refiero a Moisés, en Éxodo capítulos 3-4, al ser llamado por el Señor él;

Se mostró incapacitado y mostró tener un problema de iden-tidad, pues se valoró así mismo y le dice al Señor, ¿Quién soy yo? (3:11); o sea yo creo que tu estas equivocado de persona, y es que al confrontarnos con el llamado que el Eterno nos hace, hasta dudamos de nuestra capacidad, pero el Padre nos garantiza que estará con nosotros.

Moisés se confronta con un gran dilema y le pregunta al Señor: ¿Quién eres tú? (3:13), esta es una clara evidencia que no tenía una correcta relación con el Señor, por lo que no tenía idea de quien le llamaba, y a pesar de que estaba haciendo obra de mesías, pues mato un egipcio para liberar a uno de su pueblo. El Eterno tiene que identificarse y le contesta: "YO SOY EL QUE SOY".

Este Moisés que poseía tanta prepara-ción, al parecer al ser rechazado por los hebreos, ahora le dice al Señor: ¿Y qué pasa si ellos no me quieren escuchar? (4:1), lo cual es un indicativo que se sentía algo vulnerable a ser rechazado, como muchos que se preguntan, ¿Y si la gente no me acepta o no me hace caso o no me

Es que los lideres para recibir la mano de la gente, primero tienen que ganarse el corazón.

apoya?; el Señor le dice: "cuando tu hayas terminado o cuando hagas lo que te mando la gente te creerá y te aceptará", es que los lideres para recibir la mano de la gente, primero tienen que ganarse el corazón.

El Constructor de la obra

Cuando ve lo inminente de su llamado le dice al Señor: "Yo nunca he sido alguien con un buen léxico, es que no se hablar" (4:10), un hombre con tanta preparación está mostrando que se siente incompetente, incapaz, la debida preparación; **pero el que llama también respalda y capacita.**

Finalmente, queriendo evadir el llamado le dice al Señor: "Mejor búscate a alguien más, capacitado, con más recursos". (4:13), el Señor tiene que decirle, aunque tu hermano Aarón vaya contigo o alguien más, ten claro que YO me especializo en usar los incapaces, los analfabetos, los que no tienen recursos, los que no saben hablar y son los mejores porque estarán claros que cualquier cosa que hagan, sabrán que soy YO a través de su incapacidad que lo hago y serán dependientes de mi gracia.

El escritor norteamericano llamado Henry Blackaby dijo:

- *"No hagas la obra de Dios, hasta que no lo conozca completamente a Él".* **En este tiempo existen dos clases de ministros: los que se ocupan de vender su ministerio, y los que hacen del ministerio su ocupación *(Lucas 2:49).*** Los que se dedican a vender su ministerio logran, a través de la publicidad, el respeto y la admiración de los hombres. Pero los que hacen del ministerio su ocupación, con el fin de honrar a Dios, como ha hecho el hermano Aracil, serán aprobados por el Señor;

"Porque no es aprobado el que se alaba a sí mismo, sino aquel a quien Dios alaba" ***2 Corintios 10:18***

La mayor demanda del liderazgo es tener la actitud de servir a la gente, encarnando así la prerrogativa de su Maestro.

"Porque ejemplo nos ha dado, para que como él hizo, nosotros también hagamos" ***Juan 13:15***

Consciente que el mayor éxito del líder radica en lograr que aquellos a quienes influencia, alcancen sus metas y descubran su propósito en la vida.

Concluyo con esta cita:

- "**La larga y dolorosa historia de la iglesia, es la historia de personas que una y otra vez han sido tentadas en escoger el poder sobre el amor, el control sobre la cruz, ser un líder más que ser dirigidos. Una cosa es clara: la tentación hacia el poder es mayor, cuando tu intimidad es una amenaza. Mucho del liderazgo cristiano es ejercido por personas que no saben cómo desarrollar relaciones personales saludables y optan por el poder y el control sobre los demás.**"
(Henri Nouwen), en su libro: <u>In the Name of Jesus.</u>

CONCLUSIÓN

En mi corta experiencia en el liderazgo he podido ver y sentir las luchas que tiene el hombre que quiere dejar un legado en otros, amparado en el cumplimiento de su propósito, bajo el sueño de Dios, no el propio.

He aprendido que este tiempo te brinda herramientas, charlas, talleres y mucho empoderamiento, que buscan formar lideres déspotas que persiguen elevar su ego y ser superior ante los demás, que lo sigan por la fachada que presentan y no por la esencia de Cristo que deben tener.

A lo largo de estos años he visto como muchos han iniciado con mucho ímpetu, poca preparación y poca disposición de ser guiados por otros, y al cabo del tiempo el cansancio los alcanza y los lleva al fracaso, se impresionan con el reconocimiento inicial cuando les otorgan autoridad para ejercer alguna función, sin calcular las horas que invertirán para formar el grupo que les tocó dirigir.

He aprendido que el liderazgo se trata de entrega, de tomar gran parte de mi tiempo y dedicarlo a la causa que he elegido, de entregar horas a un grupo de personas que quiero formar para que sigan adelante desarrollando una visión que pudo haber sido heredada, de la que fui parte del desarrollo y que muy posiblemente no la veré terminada.

Concluyo, con que el liderazgo es servicio, es entrega, es dejar el ego y enfocarse en formar a muchos que pueden llegar a superarte y más lejos, sin embargo, descubres que eres líder cuando te alegras de sus éxitos, te sientes realizado y complacido cuando triunfan, porque aunque no te reconozcan, sabes que dejaste una huella en sus vidas. *Se líder, fórmalos.*

BIBLIOGRAFÍA

• Las 21 leyes liderazgo, John Maxwell.

• La verdadera labor del líder, John Kotter.

• Gerencia y cambio organizacional, Peter Senge.

• Teorias y motivación de liderazgo, Stodgdill. / Fiedler.

Disc y temperamentos

• Investigación web sobre teorías del comportamiento.

• Perfil de la personalidad Disc ,William Marston.

Made in the USA
Middletown, DE
16 October 2022

12757289R00064